中国体育产业
发展问题的伦理审视

The Ethics Review on the Development of Sports Industry in China

李　龙◎著

中国经济出版社
CHINA ECONOMIC PUBLISHING HOUSE
北　京

图书在版编目（CIP）数据

中国体育产业发展问题的伦理审视/李龙著．
北京：中国经济出版社，2017.10（2023.8 重印）
ISBN 978－7－5136－4860－8

Ⅰ.①中… Ⅱ.①李… Ⅲ.①体育产业—产业发展—研究—中国
Ⅳ.①G812

中国版本图书馆 CIP 数据核字（2017）第 228370 号

责任编辑　叶亲忠
责任印制　马小宾
封面设计　华子图文

出版发行　中国经济出版社
印 刷 者　三河市同力彩印有限公司
经 销 者　各地新华书店
开　　本　710mm×1000mm　1/16
印　　张　11.75
字　　数　170 千字
版　　次　2017 年 10 月第 1 版
印　　次　2023 年 8 月第 2 次
定　　价　49.80 元
广告经营许可证　京西工商广字第 8179 号

中国经济出版社 **网址** www.economyph.com **社址** 北京市东城区安定门外大街 58 号 **邮编** 100011
本版图书如存在印装质量问题，请与本社销售中心联系调换（联系电话：010－57512564）

版权所有　盗版必究（举报电话：010－57512600）
国家版权局反盗版举报中心（举报电话：12390）　服务热线：010－57512564

摘　要

体育产业是“为社会公众提供体育服务和产品的活动，以及与这些活动有关联的活动的集合”，它具有社会公益性与私人逐利性共存、政府管理与市场经营并行、强健身体和丰富精神并举的特性。

改革开放以来，我国体育产业不断发展，产业规模逐步扩大，产业体系日益健全，产业结构明显优化，产业政策取得了重大突破，产业各项工作稳步推进，为国民经济发展和全民健康发挥了重要作用。与此同时，也出现了体育市场效率与公平背离、政府体育产业管理部门“与市场争利”“与民争利”、竞技体育参与者和体育消费者自身受到异化侵害等问题，主要是因体育产业发展的相关体制机制、法律法规不健全和部分体育市场主体道德自律意识欠强所致，但不能因此就掩盖和否定我国体育产业发展所取得的巨大成绩和光明未来。

我国体育产业借助市场手段来发展，虽能调节资本的自由组合，大力提升体育产业的发展水平，但因为仍缺乏完善且公平的竞争机制和伦理环境，致使部分市场主体陷入对经济理性和工具理性的盲目追求中，罔顾市场契约，忽略自身社会责任的担当，使体育市场在一定程度上陷入无序发展和无效竞争，引发体育市场内部效率与公平的背离，并因此制约了体育产业的发展效率。

在我国体育产业发展过程中，政府是产业发展的引导者、激励者、服务者和规范者，要确保体育市场内部的自由竞争和公平秩序，就应发挥市场在体育资源配置中的决定性作用。然而，因部分政府管理部门在履行自身职能时，出现“当为”之处又“不为”，对体育市场过度干预，导致体育资源分配不均，东西部和城乡体育产业布局不合理，体育市场产品和服务相对单一，使人民群众正当的体育权益无法得到有效保障，体育产业发展成果不能实现全面共享。

在社会转型期，受利益的分化与侵蚀、观念的多元与错位、社会的发展与阵痛等影响，部分竞技体育参与者和体育消费者道德的挺立与生长面临前所未有的复杂社会生态。一些职业体育从业者由于道德人格、敬业精神和法制观念的缺失，出现了为达到一己私利，非理性追求胜利、罔顾竞技公平公正等问题。部分体育消费者则因为对体育功能和价值的认知偏差，出现拜物教、娱乐至死等消费异化，缺乏对自由人生的必要反省和批判。

对我国体育产业发展问题进行道德治理：一要做到规范体育产业发展的市场伦理行为。完善和规范体育市场内部各类主体的行为和价值取向，树立社会责任感和道德正义感，以避免盲目的逐利和拜物行为，维护市场的有效竞争和正常秩序。二要强化体育产业发展的行政伦理导向。实现政府由“管理型”向“服务型”的角色转变，加强体育产业法制体系建设，落实政府与市场、政府与公民之间“权、责、利”的正当划归，避免出现“与市场争利”“与民争利”的悖逆现象。三要端正竞技体育参与和体育消费个体的伦理价值取向。提高体育产业发展参与个体的道德建设水平，通过强化体育职业从业者的职业道德水平，让竞技体育赛场充满“真、善、美”;通过深化体育产业消费者对体育功能和价值的正确认识，端正其体育消费态度，树立体育消费“为人而非人为”的理念。

我国体育产业要加快结构转型升级，实现创新驱动发展，需要秉持“创新、协调、绿色、开放、共享”的五大发展理念，借鉴发达国家体育产业发展的先进经验，充分发挥体育产业自身固有的潜力和优势，重点发展体现体育产业自身经济功能和社会价值的主体产业，努力培育和壮大体育市场，使之成为体育产业发展的根本。

目 录

导　论

一、选题背景

2014 年 3 月 5 日，李克强总理在政府工作报告中明确提出要“发展全民健身、竞技体育和体育产业。”这是第一次将体育产业提升至与群众体育、竞技体育并列的高度，充分表明在国家层面进一步推动体育产业发展的决心。我国体育产业虽然取得了重大发展，但仍然处在发展初级阶段，尚不能满足人民群众日益增长的体育需求。随着我国经济增长、产业结构调整，扩大消费已成为促进经济增长的主要着力点。体育消费作为人民群众日常生活的重要组成部分，市场潜力有待进一步挖掘，在稳增长、促改革、调结构、惠民生等方面的作用还有待进一步发挥。

2014 年 10 月 20 日，国务院颁发《关于加快发展体育产业促进体育消费的若干意见》，明确把“全民健身”上升为国家战略，并将体育产业作为绿色产业、朝阳产业加以扶持，以更大程度激发和满足人民群众多样化的体育需求、保障和改善体育公共权益。这体现了我国体育产业发展方式由关心经济增长到关注民生的巨大转变。这种发展理念的转变既体现了创新，促进了体育产业发展满足人民群众体育需求，又体现了创值，优化了体育产业结构创造人民群众新的体育需求。2017 年 5 月 26 日，习近平总书记在中共中央政治局第四十一次集体学习中强调：“社会主义中国的新发展必须推动形成绿色发展方式和生活方式，努力为人民群众创造良好的生产生活环境”。体育产业的“绿色”及“惠民”属性，无疑应该为此目标的实现贡献相应的力量。

体育产业之所以能够作为当前社会转型时期政府重点扶持的对象，缘于其具有（包括显露的和潜在的两部分）经济、政治、社会和文化功能，可以成为国家稳增长、调结构、促改革、惠民生、强文化、树新风的重要“抓手”。如何实现体育产业在经济领域扩大内需、增加就业、培育新的经济增长点；在政治层面强化国家软实力、推动体育强国建设、增强国家自信和制度自信；在社会层面激发群众健身热情、满足群众体育需求、扩大群众体育权益；在文化领域践行社会主义核心价值观、增进社会正能量，塑造社会新风尚等，既成为我国体育产业在未来发展的不竭动力，也成为其必须确立和达成的目标。

因此，就必须对体育产业发展所涉及的市场行为、行政管理、个体参与等方面问题进行伦理审视和思考，以便于对其加以妥善解决，对体育产业未来发展路径加以指示，使之更为充分地实现体育产业发展成果人民共享的社会正义。促进体育产业健康发展，不单纯是广泛开展经济活动，还要求体育市场主体在追求经济利益的同时遵循必要的伦理规范；政府在体育产业管理中不仅要扮演好引导者、激励者、服务者和规范者的角色，还要在服务理念上执政为民，在分配制度上正义设置；体育产业参与个体要道德挺立，通过竞技体育和体育消费参与促进身心健康发展，自觉认知、认同和践行社会主义核心价值观。

现阶段，我国体育产业发展与其内在的德性要求还存在一定的距离。从群众体育、竞技体育和体育产业的协调发展来看，明显有体育资源分配不均的倾向。从体育产业发展路径来看，本应以体育市场为手段，以多元市场主体参与为“抓手”，以政府的宏观调控与有效管理为支撑。但由于部分政府管理机构对体育市场的过度干预，使体育市场自由竞争难以形成，市场秩序难以保障，从而使体育资源的正义分配、体育公共服务均等不能充分实现。

体育产业发展的国际经验表明：“体育竞技表演业和健身休闲业是体育核心产业”。实现体育核心产业健康发展，对优化体育产业结构、扩大体育产业规模具有重要作用。然而，现阶段我国体育产业依然是以体育用品业为主导，体育竞技表演业和健身休闲业发展相对滞后，这会造成体育健身场地总体数量不足，制约群众体育活动的广泛开展；体育健身产品和服务的供给不能满足人民群众多元化的健身消费需求；公共体育服务存在局限，不能有效满足人民群众多元化、多层次的基础健身需求。因此，自然难以全面推动全民健身运动的开展，无法有效促进人民群众养成健康的生活方式。

总而言之，我国体育产业在发展过程中还存在一些迫切需要解决的现实问题，其在体育市场、产业管理、个体参与等层面所面临的伦理困境，如不能妥善予以化解，势必会影响到体育产业的健康可持续发展。因此，从伦理学视角对体育产业发展问题进行检视，既是对体育产业发展问题的“对症下药”，也是促进体育产业发展的题中应有之义。唯有如此，才能进一步提升体育产业发展效率，扩大产业发展成果共享，保障和改善民生，最终落实“健康中国”和“全民健身”发展战略。

二、研究意义

随着我国人民群众生活水平的不断提高，健康意识的不断增强，全民健身运动的广泛深入开展，人们主动为自己的健康消费投资，这为体育产业发展提供了广阔空间。我国将体育产业作为朝阳产业和绿色产业予以扶持和发展，其经济价值和社会价值已开始逐步显现，为国民经济发展和全民健康发挥了重要作用。目前我国体育产业呈现出发展速度不断加快、投资主体日益多元、公众广泛全面参与的发展态势。但在发展过程中也出现了体育市场效率与公平背离，政府管理部门“与市场争利”“与民争利”，竞技体育参与者和体育消费者自身受到异化侵害等问题。因此，有必要从伦理学视角，对我国体育产业发展问题进行深入思考，以期规范体育产业各类主体的行为和价值取向，避免政府“有为”之处“不为”，提高体育产业发展参与个体的道德建设水平，深化体育产业消费者对体育功能和价值的正确认识，从而促进体育产业健康发展。

（一）理论意义

1. 探寻我国体育产业发展的伦理意义

通过对当前我国体育产业的伦理审视，廓清体育产业的伦理边界，梳理体育产业多元主体间的伦理关系，进而总结我国体育产业所存在的伦理问题。同时，借助体育产业伦理认知的不断深化和认同的不断加强，从内在自觉和外在监督等层面，实现对产业主体行为的有效约束与规范。道德评价不仅考虑体育产业的逐利性、公益性功能，而且要考虑其目的、手段、过程和结果的正当性，用社会倡导的技术、生态、人文等道德标准来规范体育产业行为，以协调体育产业发展与科学技术发展、经济社会发展、生态环境发展以及与人的发展之间的伦理关系。

2. 增进我国体育产业的伦理研究的理论深度并加强理论规范

随着我国体育事业和体育产业的快速发展，我国体育产业研究也不断拓展，并取得了一定成绩，但体育伦理，特别是体育产业伦理尚处于起步阶段，它的理论基础、学科的边界和规范化亟须明确。虽然，体育学科已经突破了传统体育运动科学的界限，向更广泛的领域延伸，特别是体育社会学、体育经济学的兴起，但对于把体育产业学和伦理学结合起来，作为新兴的体育产业伦理学还没有引起体育学界的高度重视。过去，关于体育道德规范理论的研究一直处于职业道德伦理的学科范围，以致体育伦理学的应用实践效果不甚理想。同时，由于体育伦理学科建设缓慢，与体育事业和体育产业的快速发展存在很大差距，学科内部建设与实际严重不符，以至于使体育产业伦理过于依赖社会伦理和教育伦理，甚至为了谋求体育伦理的学科主导权，试图通过个人的道德进步和完善来解决所有体育和体育产业问题，从而出现一些“无法预见”的失范行为和研究定向。从伦理学视角对体育产业的发展过程及多元主体的行为模式进行审视，将有助于促进体育产业伦理研究的规范和深入，发挥跨学科知识运用的学科特点。

3. 促进我国经济伦理、产业伦理研究的拓展和深化

把解决我国体育产业发展过程中存在的市场、管理及参与问题纳入伦理视域来思考，从伦理学视角对体育产业的发展过程及多元主体的行为模式进行审视，将有助于进一步推动体育、经济、行政与伦理之间的跨学科连接，为学科内部和学科之间研究范式、研究内容的丰富提供新的思路。体育产业发展的关键在参与者，其核心是基于参与者的专业素质和道德素

养的发展水平，把政策管理者、企业及个体的行为规范和价值追求整合到体育产业发展之中，这是产业伦理的创新，也是应用伦理的拓展。由于近年来在经济领域，特别是产业领域的竞争失序、行为失范、管理失控的突出问题，我国相应的经济伦理和产业伦理的研究取得了丰硕的成果，基本掌握了产业经济中伦理问题的基本形态、形成原因和经常性应对措施等一般要素，但仅有这些远远不够。因为，每一个经济行为都有自身独特的内在规律，其伦理问题除了具有一般的产业伦理共性还有其独特的内在规定，常规性的应对措施并不能解决每一个具有行业特点的专业化的伦理问题，因此需要更为针对性的产业伦理理论。进一步说，体育产业伦理还不同于一般产业伦理的分类，它的行业性质十分特殊，所涉及问题的公共性、公益性和危害性的范围都很广泛，社会关注度高。因此，需要在产业经济伦理的基础上，深化体育产业的伦理研究。反之，体育产业伦理研究的深化也会推动产业伦理和经济伦理的丰富和发展。

（二）现实意义

1. 为我国体育产业伦理发展提供理论依据与推进思路

通过对体育产业既有发展成果的总结、发展过程中问题的归纳，为我国体育产业目前的发展格局与状态做整体的定位。在此定位的基础上进一步分析成果获取及问题产生的伦理缘由，从而对我国体育产业发展问题进行伦理规正，推进“经济”与“伦理”的结合；加强体育产业发展问题的道德审视与反省，以伦理原则来规范体育市场行为；完善和规范市场内部各类主体的行为和价值取向，为树立社会责任感和道德正义感提供理论依据。同时，还可为我国体育产业发展提供可能且可行的思路，将其“朝阳”和“绿色”的特质更为充分地发挥和展现出来。

2. 引领公众对体育产业发展引发的社会问题形成科学认知并进行道德评价

现代体育产品和设施给人类的生活、工作等提供了更多的便捷和舒适，特别是全方位地促进了人的身体健康，体育产业的社会意义得到充分肯定，普遍反映体育产业改变了人们对生命和生存的新理解。但是我们要更清醒地认识到体育产业负载的道德价值，在承认其积极的社会功能的同时，不能忽视当代体育产业产生的一系列问题与危机，尤其是由技术、运行和产业政策引发的伦理问题。通过本书研究，可以吸引公众对体育产业伦理问题的关注，并形成文化自觉，有针对性地对体育产业的社会问题进行伦理分析、道德评价和有效监督。

3. 规范体育产业的技术应用和对产业行为形成道德约束

对伦理问题研究的根本目的在于对伦理行为主体的道德规范和约束。体育产业的伦理研究须提出体育产业伦理的基本原则和从业行为的基本要求。通过这些伦理规约的引导，增强体育产业从业者对自身的经济诉求和经济行为的自我调控，在考虑其经济利益和技术应用的同时，要与体育产业关涉的国家利益、公共利益和生态环境相协调。因此，对当代体育产业领域进行伦理维度的探究，有助于从现实层面端正相关产业主体的价值取向，规范相关主体的参与行为，为我国体育产业的健康发展提供伦理规约和精神引导。

三、国内外研究动态

西方经济发达国家的体育产业已经有两百多年的发展历史，从最初的体育俱乐部形态的诞生（1750 年，英国围绕赛马活动创立“乔治俱乐部”），到其后的体育职业联赛的形成（1876 年，全美职业棒球联盟成立），再到第三产业崛起背景下体育健身休闲业的突破性成长（20 世纪 90 年代，健身休闲业成为体育产业的主导）。随着西方经济发达国家体育产业经济规模的日益扩大，西方社会体育产业的相关管理和科研机构对此领域的关注和研究也在不断强化，这些研究成果不只是作为体育产业建设现状的“记录仪”，也为体育产业健康发展提供了相关的道路引导。通过对国外体育产业研究领域及成果（主要指发展经验和完善对策两方面）的分析，可以为我国体育产业发展提供正、反两方面的经验。当然，这种借鉴需要充分考虑中西方在国情、社情和民情上的差异，必须兼顾双方的共性与个性，不可依循“拿来主义”，一味生搬硬套。

我国体育产业发端于20世纪90年代，经过20余年的发展，产业规模逐步扩大，产业体系日益健全，产业结构明显优化，产业政策取得重大突破，为促进国民经济发展和全民健康发挥了重要作用。近年来，党和国家对体育产业发展高度重视，陆续出台各种利好政策、不断完善相关产业管理制度。业界和学界从社会、经济、行政、法治等多个方面对体育产业发展问题进行研究，产生了一系列具有代表性的研究成果，为深化体育产业发展研究奠定了基础，同时也为本书对体育产业发展问题进行伦理审视提供了必要的参考。

对国内外体育产业发展问题研究的相关成果进行系统的归纳和总结，分析和判断，有利于了解和掌握体育产业研究的动态，为本研究奠定基础。

（一）国外研究动态

自20世纪末开始，国外体育产业快速发展，逐步形成了以竞赛表演和健身休闲为驱动，以体育用品为支撑，体育场馆、体育培训、体育中介、体育传媒等业态快速发展的态势。体育竞赛表演业（职业竞技体育）和健身休闲业（体育服务业）成了体育核心产业。基本以体育健身休闲产业、体育竞赛表演业、体育用品业为主导，多种体育行业共同发展，其中欧共体、美洲和日本三大体育产业市场发展最为迅速，目前体育产业市场已趋于成熟。

在此背景下，一部分欧美学者开始借助既有的学科研究来审视体育产业发展的伦理问题，相关的论文和专著不断出版且成果数量不断增长，其主要研究伦理面向包括：体育产业管理、体育企业责任、体育竞技公正、体育参与资格、体育赞助原则等。

1. 体育产业管理伦理研究

体育市场化和产业化必然伴随着体育市场和行政组织的不断出现和完善，如何推进组织建构的规范化和管理行为的合理性，则自然涉及产业管理的伦理问题。体育产业相关管理主体的伦理取向和道德水平不仅事关经济运营的成败，也决定了体育竞赛的运作理念和比赛过程能否体现公正性、健康性。因此，丹尼尔·科维尔等人指出，一场比赛或一个企业的运作是否健康很大程度取决于管理者自身的正直与否，要保证体育商业和竞技活动中的伦理公正，就必须培养企业运营者和赛事组织者基本的道德正义感，从而为体育企业和体育赛事确立正确的伦理导向。① 伯尼·L·帕克豪斯则从效益与价值、权利和义务之间的对立统一出发，认为体育商业行为之所以出现不规范的重要原因之一，就在于管理主体无法平衡功利与伦理、自身与他者之间的张力，往往只注重商业利益、强调自身权利，忽略了对产业发展环境的整体和长远的考虑。因此，就必须强化相关管理者的经济和社会伦理培训，使之能严格依照经济和社会伦理的准则来管理自身的体育组织、安排相关的商业活动。② Mary A. Hums，Carol A. Barr，Laurie Gullion 则从体育活动和伦理语境多元化的视角出发，主张管理伦理的差异化建构模式：因职业体育、健身和健康、学校体育、设施管理等体育产业不同领域存在不同的特性和表现，这必然会使得管理者们遭遇到不同的伦理问题。与之相应，管理者在制定伦理对策时，也需要充分考虑不同领域中伦理问题的复杂性和独特性，做到有的放矢，不能一概而论。③

2. 体育企业责任伦理研究

体育企业作为体育产业的重要组成部分，是体育产业形成、发展和壮大的驱动力之一。体育产业要发挥其对市场和社会的应然功能，必须重视并确立企业主体的责任伦理建构。从这一视角出发，研究者们主要探讨的议题有：体育企业社会责任的内涵、作用等，以及采用何种方式来提升体育企业的社会责任和担当意识，从而实现体育产业与消费者、社会之间的

---

① 丹尼尔·科维尔．体育产业组织管理［M］．钟秉枢，译．北京：清华大学出版社，2005：125.

② 伯尼·L. 帕克豪斯．体育管理学［M］．裴立新，成琦，译．上海：华东师范大学出版社，2009：33－36.

③ Mary A. Hums，Carol A. Barr，Laurie Gullion. The Ethical Issues Confronting Managers in the Sport Industry［J］. *Journal of Business Ethics*. 1999，20（1）：51－66.

良性互动。丹尼尔·科维尔等人认为唯有体育企业积极承担起自身的社会责任，才能获得消费者的认同，构建相互之间的信任关系，维系体育市场的健康秩序。然而，现实中的企业在面对自身利润和社会责任的抉择时，往往过于追逐私利而忽视责任担当，导致体育产业环境的恶化。[①] Hela Sheth，Kathy M. Babiak 则通过对职业体育管理者的相关调研，指出企业落实社会责任其实遵循的是“主观为自己，客观为他人”的运作逻辑：企业之所以重视并承担社会责任很大程度上是出于商业战略的考虑，而非本然的伦理使然，即体育企业积极承担社会责任，是因为这一行为可以对企业业绩、品牌形象等形成积极影响，同时它也会为其他利益相关者，如赞助商、消费者等，带来客观的受益。[②] 与之相仿，Yuhei Inoue，Aubrey Kent，Seoki Lee 的研究同样表明，对于职业队伍来说，积极承担社会责任可以受到观众及赞助商的更多青睐，而观众更多的观赛或消费及赞助商更大的赞助合同则又反过来促进企业财务业绩的优化与扩大，使其在承担责任时的花费得到必要的回报。[③]

3. 体育参与正义问题研究

体育参与的主体在整体上可分为职业和群众两大类，具体则又可从性别、种族、年龄、健康状态等进一步分类。随着社会物质和文化水准的不断提升，体育产业对不同类别人群的覆盖范围和资源分配不仅在实际上日趋扩大，而且在伦理追求上也日趋正义。

西方发达国家在体育产业的发展历程中，不断完善职业竞技与群众体育之间的平衡关系，并为此纷纷出台各种体育政策和法律。如西德在分裂时期通过实施大规模体育基础设施建设的“黄金计划”，推进体育资源的

---

① 丹尼尔·科维尔．体育产业组织管理［M］．钟秉枢，译．北京：清华大学出版社，2005：90－96.

② Hela Sheth，Kathy M. Babiak. Beyond the Game：Perceptions and Practices of Corporate Social Responsibility in the Professional Sport Industry［J］. *Journal of Business Ethics*，2010，91（3）：433－450.

③ Yuhei Inoue，Aubrey Kent，Seoki Lee. CSR and the Bottom Line：Analyzing the Link between CSR and Financial Performance for Professional Teams［J］. *Journal of Sport Management*. 2011，25（6）：531.

全民共享，其大众体育参与率从1960年的18%迅速扩大到了1988年的68%。统一后的德国，继续坚持以大众体育为核心，以竞技体育为基础，来推动两者之间的健康共进。① 美国则从20世纪80年代起，不断出台发展大众体育的相关法律，以保证和扩大体育参与的范围，推动公民的健康成长。1978年通过《业余体育法》，为大众体育竞技活动提供专门性的法律界定和保护；② 1980年起每隔10年推出一部《健康公民》计划，以推动和实现国家范围内的公民健康。③

随着历史的发展，西方社会体育参与中的种族、性别差异，以及弱势群体的体育权益维护等问题也得以不断解决。以美国为例，自20世纪中期种族和女权运动不断取得突破之后，体育领域的种族、女性及弱势群体遭到不公待遇等问题也得以改善：1972年出台的《教育法修正案》，正式确立了女性参与体育的平等权利；1973年出台的《康复法案》以及1975年的《残疾人全员教育法案》，则明确保障了残疾人的体育参与权益。此外，美国相关政府机构在1997年制定了《促进青年人终身体育学校和社区规划指南》，在2000年颁布《国家蓝皮书：促进50岁以上成年人身体活动》等，以保障青少年和中老年群体的体育正当参与权益。

4. 体育赞助中的伦理研究

随着信息传播科技的高速发展，体育赞助日渐成为体育产业市场的重要内容，赞助商希望通过体育竞赛等活动来宣传自身产品、塑造自身品牌；赛事主办方则可以借助赞助活动来扩大收入来源、提升赛事品质、推广体育公益等。体育赞助的发生和延续不只事关经济，而且跟企业和体育活动的文化理念紧密相关，赞助主体的价值倾向、赞助对象的范围以及赞助路径等无不关系到体育活动的伦理构建。赞助商的品牌文化或捐赠者的

---

① Prohl R. Grundrissder Sportpadagogik [M]. Wiebelsheim: Limpert Verlag, 2006: 56 - 57.

② Chalip L. The Framing of Policy: Explaining the Trans-formation of American Sport [D]. University of Chicago, 1988: (3) Lee Mabel. A History of Physical Education and Sports in the USA [M]. New York, 1983: 111 - 112.

③ Department of Health Education and Welfare. Healthy-people: The Surgeon General, Sport on Health Promotion and Disease Prevention [R]. Public Health Service. U. S. Government Printing Office. Washington, 1979: 16 - 39.

捐赠理念若是能与体育品牌相契合，则可以实现双方的共赢。反之，若是赞助商的产品文化与体育精神不相符，又或体育品牌的塑造不成功，则会导致两败俱伤的局面。Mary A. Hums，Carol A. Barr，Laurie Gullion 讨论了在学校体育中体育赞助所带来的伦理问题，赞助商的赞助原则和赞助对象往往没有遵循机会公平的原则，而是在人种和性别上有所倾向，以致赞助的行为变相成了某种不公正的符号和标签。他们指出，如若不能及时正视并有效解决赞助中的价值偏移现象，那不仅容易危害到学生的价值观培育，导致学生之间关系的某种微妙冲突，而且也会妨碍政治正确的真正落实。[①] StephenR. McDaniel，LanceKinney，Laurence Chalip 则探讨了烟酒体育赞助的道德内涵，提出赞助主体自身经营对象与其公益精神之间可以而且应该存在差距，因此才能在扩大体育赞助活动的同时，避免因赞助带来的不良价值倾向。[②]

整体而言，因为市场文化构建相对成熟、体育产业发展历史相对长久等原因，以美国为代表的西方发达国家围绕体育产业伦理所做的政策制定、法治建构、市场秩序维护、公益推广等都在一定程度上优于国内，相关的研究也更趋成熟、更具体系。发达国家在体育产业伦理方面的建设经验和研究成果，一方面，可以为我国体育产业发展中的问题发现及伦理对策提供必要的指引，参考和借鉴其先进、合理之处来推动我国体育产业的健康发展。如通过规划、立法来扩大体育参与，保障公民合法体育权益；通过针对性立法来平衡性别、年龄等所引发的体育权利不公正问题；积极引导体育企业履行社会责任，推进体育组织的社会公益建设等。另一方面，也应该注意到我国特殊的国情、社情和民情，不能一味照搬，否则必将陷入“画虎不成反类犬”的模式。我国体育产业的发展有自身的社会背景，僵化地照着西方体育产业建设的伦理经验来规划，要么容易导致盲目

① Mary A. Hums，Carol A. Barr，Laurie Gullion. The Ethical Issues Confronting Managers in the Sport Industry［J］. *Journal of Business Ethics*. 1999，20（1），51－66.

② Stephen R. McDaniel，Lance Kinney and Laurence Chalip，A Cross-Cultural Investigation of the-Ethical Dimensions of Alcohol and Tobacco Sports Sponsorships［J］. *Eaching Business Ethics*，2001，307－330.

的超前性，要么容易忽略自身体制的特殊性，最终致使体育产业的发展陷入混乱状态。

此外，发达国家体育产业发展过程中的教训，如由于过度推崇市场自由而存在的体育资源分配不公；因历史、文化局限所引发的不同性别和族群在体育参与方面的非正义现象；大型体育设施建设、赛事举办过程中的生态破坏等问题，这给我国体育产业发展以警醒和反思。

（二）国内研究动态

我国体育产业经过二十余年的发展，产业规模逐步扩大，产业体系日益健全，产业结构明显优化，产业政策不断完善，为国民经济发展和全民健康促进发挥了重要作用。然而，这些成绩的取得并非一蹴而就，而是建立在我国体育产业发展中问题的出现以及解决基础之上。可以说，我国体育产业发展史也就是对不断出现的问题的解决过程。当前，我国社会转型，经济进入新常态，体育产业发展也会出现新的问题，面临新的困境。本书将从学科分类的视角，对国内学者既有的体育产业发展研究的面向及成果加以归纳，以期掌握研究动态，发现研究不足，为本书研究奠定坚实基础，提供可能的方向引导。

1. 管理学的视角

我国体育产业发展过程中，政府与市场在资源配置中的角色定位问题一直就是行政管理和经济建设领域的核心议题。这一现象投射到体育产业中，自然也使得体育产业的管理问题备受关注。具体而言，这些研究内容又可再分为三个部分：（1）体育产业管理体制的深化改革。研究者们认为，目前我国的体育产业管理体制存在管理机构设置不当、权责不清、管办不分，以及法制建设迟滞、监管不力等问题，进而导致体育产业管理效率低下和市场活力不强。[①] 要解决这些问题，需要政府、市场主体等转变发展理念，积极去除意识形态所带来的不良影响，充分发挥市场竞争机制

① 王飞，池建．我国体育产业发展的制度约束［J］．首都体育学院学报，2014（4）：298－305.

对于体育产业发展的决定性作用。[①]（2）体育产业发展政策研究。研究认为，我国体育产业发展政策存在制定主体“多元化”的现象，制定的政策也并未形成完整的体系，且大多存在“普遍性不够、可操作性不强”的问题。[②] 在政策发布和落实过程中，则存在宣传力度不强、执行手段单一、缺乏监督标准、没有充分的反馈渠道等问题。[③]（3）政府对体育产业的管理限度研究。许多研究者提出目前政府对于体育产业的管理存在一定的过度现象，导致体育产业的产、权、责难以区分，限制了市场的调控能力和资源配置作用，使市场主体的自主性、积极性不足。[④] 为此，学者们探讨了政府应该如何管理体育产业、应该包含哪些管理内容、应坚持何种管理限度等问题。在对策方面，则提出政府应该积极进行职能转变，减少对体育产业的直接管理，重点为体育产业发展提供服务，为体育产业的发展保驾护航，[⑤] 通过建立、健全体育产业法制，为其营造一个良好的政策环境，以维护体育市场的秩序，弥补市场失灵的缺陷。[⑥]

2. 经济学的视角

此视角下，研究的主要内容为体育产业结构的不合理现状及优化方案。研究者们普遍认为由于体育产业发展落后、体育资源不够丰富、体育市场相对较小等原因，我国体育产业发展长期存在结构不合理的问题[⑦]：核心产业规模小、东中西和城乡布局不均衡、体育产业供求结构不协调、产业组织规模小等。[⑧] 为此，就必须进行产业结构的优化升级，促进产业内部和区域的协调发展。提出的对策有：创新体育产业发展模式，大力发

---

① 王晓微．中国体育产业管理体制改革研究［D］．长春：吉林大学博士学位论文，2014.

② 高巍博．完善我国体育产业政策体系研究［D］．长春：东北师范大学博士学位论文，2014.

③ 陈爱辉．我国体育产业政策变迁的研究［D］．北京：北京体育大学博士学位论文，2015.

④ 赵晨．我国体育产业治理模式研究［D］．石家庄：石家庄经济学院硕士学位论文，2009.

⑤ 王玲．体育产业的发展与政府行为介入相关问题研究［D］．长春：东北师范大学硕士学位论文，2004.

⑥ 郝晓岑，刘亚林．我国体育产业发展中的政府行为探讨［J］．沈阳体育学院学报，2012（3）：38－40.

⑦ 张瑞林．我国体育产业结构的优化研究［J］．体育学刊，2011（2）：21－26.

⑧ 杨倩．我国体育产业结构优化升级研究［D］．上海：上海体育学院博士学位论文，2011.

展核心产业，即体育竞赛表演业、体育健身休闲业；努力提升体育用品业的国际竞争力；均衡体育产业的空间布局；重视经济发达地区的优势体育业态，创造品牌效应和集聚效应等。①

3. 社会学的视角

在社会学视角下，研究者关注的热点是：①体育产业的功能定位。主张我国体育产业的发展应该对其社会功能做一个科学定位，这不仅是体育产业实现快速发展和充分发挥其社会功能的需要，也是政府和民众的需要。其具体定位应当考虑在当前社会转型和价值选择多元的大环境下如何确立体育产业发展的价值取向，如何从传统体育价值观念向现代体育价值观念转变，如何从主要实现政治功能的传统体育向生活方式型的现代体育转变。② ②体育产业发展对社会的影响。首先，研究者肯定体育产业能够产生巨大的经济效益，在未来能成为国民经济的支柱之一，推动国民经济总产值的增长。③ 其次，认为体育产业的发展不仅仅要追求经济效益，还应坚持惠及民众，做到还体于民，促进社会优序。④ 最后，提出体育产业的发展可以强健运动者的身心，还可以促进人们之间的社会交往。③体育产业的应然发展理念。研究者主张体育产业的发展理念必须坚持“以人为本”、为社会服务，政府在制定体育产业发展规划时，应重点考虑体育产业发展能够给人民带来的切实益处，保障民众的体育参与权益，使体育产业发展成果惠及广大人民群众。⑤

4. 法学的视角

研究认为，加强立法是促进体育产业发展的内在要求。参照发达国家

---

① 易剑东．中国体育产业的现状、机遇与挑战［J］．武汉体育学院学报，2016（7）：5－12.

② 任重．转型时期我国体育产业发展的定位思考［J］．山东体育学院学报，2011（4）：22－24.

③ 王国营．体育产业对现代社会发展的影响［J］．河南商业学校学报，2013，（2）：119－121.

④ 谢绍嘉．论体育产业在促进社会经济发展中的作用［J］．改革与开放，2012（3）：11－12.

⑤ 何羽璇．刍议体育产业与藏富于民［J］．科技信息，2012（3）：308－309.

体育产业的立法经验和成效，我国政府也应当通过立法的方式来对体育产业进行宏观调控。① 研究者全面分析了我国体育产业的既有立法状况：我国没有专门的体育产业法，也缺乏高层次的立法；② 在已有的立法中，体育产业政策与法律不完善，体育市场主体的合法权益缺乏保护；体育产业立法落后于体育产业发达的国家等。③ 研究同样指出我国体育产业立法滞后于体育产业发展，而且相关法律、法规的数量少、内容覆盖面不广、操作性不强。④ 对此，我国必须加快体育产业立法进度，尽快修订《体育法》，制定《体育产业促进法》，以完善体育的立法体系。

5. 体育学的视角

这一视角的展开往往又是围绕体育竞技和体育健身休闲这两大体育产业的核心来展开，主要探讨体育竞技中的公平、体育消费中的异化两大主题，前者重在指出公平原则对体育竞技开展和推广的重要作用，并分析当前我国体育竞技活动中所存在的诸多不公平现象及解决方案；后者则重在分析体育健身、休闲等活动中的应然价值与实际状况之间的对立，指出体育参与中自由、健康人格的缺失问题，并为之出谋划策。杨其虎将竞技体育正义问题作为其博士论文的选题，指出竞技体育活动不只强健体魄，而且在自由、公平、正义等伦理价值层面促进大众美好生活的实现。⑤ 刘湘溶、刘雪丰则指出公平是体育竞技的基本精神，但是在现实中，公平的追求和实现只能是相对的。由于多方面因素的影响，体育竞技活动总会存在一些欠公平的表现，必须坚持实事求是的原则来对此做出合理的评判和应对。⑥ 黄彦军、徐凤琴则着重探讨了影响公平竞争的制度、伦理和文化根

---

① 李静．推进我国体育产业发展的立法保障研究［J］．成都理工大学学报，2014（2）：16－21.

② 康建敏，陈伟．发展我国体育产业的立法对策研究［J］．产业与科技论坛，2011（5）：56－57.

③ 公健．我国体育产业法律制度研究［D］．北京：北京交通大学硕士学位论文，2011.

④ 王文筱．我国体育产业促进法立法研究［D］．北京：北京交通大学硕士学位论文，2011.

⑤ 杨其虎．追寻竞技正义：竞技体育伦理批判［D］．长沙：中南大学博士学位论文，2012.

⑥ 刘湘溶，刘雪丰．竞技体育比赛中的欠公平状况及其合理性评判［J］．湖南师范大学教育科学学报，2007（3）：106－109.

源，指出不公平竞争会导致对体育竞技基本准则的破坏，使竞技体育失去长足的发展空间，进而阻碍我国体育强国发展目标的实现。为此，他们提出要通过维护运动员参与竞技的机会平等，确保结果判定的真实公正等作为竞技公平的基本规则。① 胡洁从参与主体的道德修养、竞技活动的法治建设、媒体监督、科技运用等方面探讨了我国竞技赛场的不公平行为的产生缘由，并依此提出了相应的解决对策。②

随着体育商业化的日趋盛行，体育竞技和消费活动中的异化现象也不断出现。体育活动本应是促进个体生命实现自由发展的重要途径，但在体育市场化、商业化以及体育泛政治化解读等的影响下，体育参与的目标和性质却遭到一定程度的扭曲，使体育参与沦为一种悖逆体育核心精神和生命本真追求的异己活动。马卫平教授指出当前我国主流体育价值观存在一定的生物化、政治化、军事化和功利化、商业化等片面性倾向，这导致人们在体育实践中无法建构和谐的身心、完整的人格，使“完整人”遭到肢解、迷失、漠视等异化问题。③ 张永军从现代体育消费中的符号特征出发，认为作为消费对象的体育商品不只具有单纯的使用和交换价值，同时也在各式广告宣传和社会文化塑造中具备了符号与象征价值。人们对体育商品的消费因此被赋予了符号象征性，即其消费并非为了实用，而是为了符号的象征意义。这又必然导致体育理性消费遭到误解，引发体育消费的浪费及炫耀等异化问题。④ 张宏宇则专门对当下国内体育消费中所存在的异化现象进行总结与分析，认为由于技术理性的统治、价值理性的缺失以及强调占有的生存态度的作用，使体育消费者在消费目的、过程、对象及结果四个层面上出现了异化问题。对此，应以人文主义的价值追求和关怀来引导体育消费的观念和实践，使之重新回归到为人服务的正轨中来。⑤

综上所述，我国学者对体育产业发展中所遇到的诸多问题进行了研

① 黄彦军，徐凤琴．我国竞技体育公平问题研究［J］．体育文化导刊，2010（7）：84－86.
② 胡洁．增强我国竞技体育公平竞争的探究［J］．湖北体育科技，2013（7）：591－593.
③ 马卫平．体育与人——一种体育哲学［M］．长沙：湖南师范大学出版社，2010：1－6.
④ 张永军．试论符号消费视角中的体育消费［J］．成都体育学院学报，2006（1）：13－16.
⑤ 张宏宇．体育消费的异化及其规避［J］．山东体育学院学报，2016（2）：42－46.

究，从政府到市场再到具体参与者的层面都有涉及。但是，既有研究视角往往停留在管理学、经济学、法学、体育学等领域，其研究内容则主要集中在体育产业管理、体育产业的社会功能、体育产业立法等方面。其中虽然也有部分学者从伦理学视角出发来探讨体育活动中的公平正义、消费异化等问题，但其所涉及的领域往往只局限在体育竞技和体育消费中，对体育产业发展所遇到的问题，缺乏整体性、系统性的伦理解读。这就使许多问题始终存在困惑之处，难以充分有效解决各种问题，导致这一问题的原因之一就在于研究的理论根基不稳固，特别是缺乏体育产业发展的伦理基础，如体育产业发展的道德合理性、政府管理的合法性、个体参与者的伦理规范等，这些伦理因素关乎是否能够有效解决许多体育产业发展问题，进而从根本上促进体育产业的健康、快速发展。鉴于对体育产业进行伦理解读的必要性，以及目前国内这方面的研究的薄弱状态，相信在不久的未来，体育产业伦理相关研究将会受到我国业界和学界的高度重视。

四、研究思路与方法

（一）研究思路

1. 依循“提出问题、分析问题、解决问题”的思路展开研究

首先，就提出问题方面，通过对既有国家体育产业政策及相关研究成果的总结，深入探讨体育产业的概念、特征和功能，并在此基础上全面梳理我国体育产业的发展历程、既得成果以及发展过程中主要存在的问题。从而为体育产业相关问题进一步的研究提供体育产业基本概念的支撑，为对其在发展过程所呈现的诸多问题进行伦理分析和论证提供基础性的视角和素材。

其次，就分析问题方面，针对我国体育产业发展过程中所存在的一系列问题，运用斯密的古典经济学、韦伯的宗教社会学、罗尔斯的正义论、马克思的异化思想以及启蒙思想家的社会契约论等相关的伦理学、哲学理论对之进行诠释，以期对现阶段我国体育产业发展问题进行深度的伦理解

读，并分析导致问题的伦理根由。

最后，就解决问题方面，一是针对在学理层面的伦理成因分析，提出与之相对应的、可行的伦理应对之策；二是通过对欧美发达国家体育产业发展的经验与教训的审视，结合我国体育产业发展的自身特性与优势，规划体育强国的发展前景。

2. 按照“出发—拓展—落脚”的思路展开研究

出发点：体育产业被党和国家定位为“绿色产业”“朝阳产业”，这既是对体育产业既有发展成果及地位的认可，也是对体育产业未来发展目标和方向的指示。体育产业如何在现有成果的基础上，进一步提升发展水准，更为切实地实现其应然发展路径和目标，自然也就成为本书研究的起点。

拓展点：从市场、行政、个体三个层面对体育产业的朝阳、绿色特性加以分解，从而更为形象地、丰富地呈现体育产业发展的应然状态及其相对应的现实语境，通过两者之间的比较，明晰我国体育产业发展过程中的问题所在。

落脚点：通过体育产业发展中的应然与实然、未来与现状之间的张力，一方面找到继续深化发展的突破口，积极克服既有发展的缺陷与问题，从而推动体育产业未来的长足、健康运行；另一方面，注意应然与实然、未来与现实之间的良性转化和推进，防止以理想强制现实、以激进代替改良等不切实际、不合时宜的体育产业建设思路或模式。

（二）研究方法

1. 文献综述法

通过 CNKI 中国期刊全文数据库、人大复印资料数据库、超星数字图书馆、Springer Link、政府网站、网络报道等方式寻找、搜集、整理与体育产业发展有关的期刊、论文、专著、宣传文本等资料，最大限度地掌握体育产业及其发展问题的相关文献和政策资料，为体育产业发展问题的伦理审视提供充足的素材支撑。

2. 理论分析法

针对体育产业发展过程中的市场、行政、个体层面的应然价值和相关问题，运用古典经济学中的经济理性、工具与价值理性的张力、政治哲学中的分配正义、马克思主义哲学中的“劳动异化”“单向度的人”等理论范式加以解读，以更深入地分析体育产业发展所涉的经济效率与社会公平、市场自由与政府管理、资本调配与分配正义等问题，为本书的研究奠定坚实的学理基础。

3. 比较分析法

在以下两个维度上运用了比较研究的方法：一是通过对体育产业发展的应然与实然状态的比较，总结出现实体育产业发展过程中的问题及其症结所在，并提出相应的解决对策，以进一步推动体育产业发展应然状态的现实化；二是通过对我国体育产业发展状态与西方发达国家体育产业发展状态的比较，总结西方体育产业发展的经验与教训，也看到自身的不足与优势，从而为我国体育产业指明更为清晰的发展方向。

五、研究创新与不足

（一）研究的创新之处

相较于学界对体育产业的已有研究，本书的创新之处主要有以下三点：

1. 研究视角创新

以往的研究主要集中在经济学、管理学、社会学等学科，主题主要集中在体育产业的某个特定环节，且研究成果主要以单篇文章居多。本书则采用伦理学的视角对体育产业所涉的各类主体、各大领域进行系统地梳理与阐述，从而为从宏观、整体上把握我国体育产业发展的伦理目标，体育产业发展过程中的所引发诸多伦理问题及其应对方略奠定了必要且相对完善的伦理基础。

2. 研究内容创新

本书是在结合我国自身的国情、社情的基础上来界定体育产业的内涵，因社会制度和社会发展阶段的差异，探讨我国体育产业发展的现实路径，不应该拿西方模式来衡量，而只能以之作为参照。因此，本书指出我国体育产业的发展其实内在地包含体育事业的内容，不能简单地以市场经济为唯一发展手段，而应实行市场与政府的双重主体制；不能粗暴地以追求经济效益为其发展的唯一目标，而应该兼顾社会公益。

3. 研究思路创新

既有的对体育产业伦理的研究主要采用先确立伦理范畴或范式，再将相应主体的行为一一嵌入特定范畴之中的模式来进行，本书则是以体育产业发展过程中所涉的多元伦理主体为核心来展开，将其应秉承的伦理目标、发展过程中的问题表征、伦理成因及相应对策分别代入，由此便可更为清晰地认识到我国体育产业发展过程中的权责分化、更为精确地确定体育产业未来发展的应然路径。

（二）研究的不足之处

虽然，作者尽可能地收集我国体育产业发展过程中的相关素材，尽其所能运用国内外名家的相关理论，对体育产业发展问题进行伦理分析，但由于自身理论水平和科研能力有限，本书的研究还存在一定的不足之处和局限，有诸多地方需要不断改进和完善，具体体现在以下三个方面：

（1）在将体育产业发展问题与伦理学的结合方面尚存在一定的欠缺。在运用既有伦理理论来分析和解读体育产业发展过程所出现的问题上，某些层面的对接稍显不足，未能充分做到完整、合理和有效的匹配。

（2）在理论视野的把握方面稍显狭隘。一方面，在理论运用上主要依赖于少数核心人物的主要思想，未能更为广泛地涉猎和运用更为丰富的、可能的解读路径；另一方面，对相关伦理理论分析的深度和广度上有待加强，运用的娴熟度上也仍需进一步提升。

（3）在对国外体育产业相关研究文献的收集、分析和运用方面的工作还需继续加强和完善，如此才能更为清晰地呈现世界各国，尤其是欧美发达国家的体育产业发展之道，从而为我国体育强国的建设提供更为可靠且充实的外在参照。

第一章

我国体育产业发展概述

党和政府高度重视体育产业发展，二十余年来，在国家政策大力推动、社会资本积极进入和广大民众热情参与下，我国体育产业的经济价值和社会价值逐步显现，成为国民经济新的增长点。与此同时，体育产业的业态丰富，产业门类趋向合理，产业体系稳步建构，体育产品和服务质量有效提升，一定程度上满足了人民群众日益增长的体育物质和文化需求。近年来，党和政府给予体育产业发展大量利好政策，发布了《体育发展“十三五”规划》《“健康中国 2030”规划纲要》，国务院办公厅出台了《关于加快发展健身休闲产业的指导意见》等政策文件，鼓励和支持其健康发展。但现阶段受政府体育产业管理职能不明晰、体育市场法治不健全、体育消费观念落后等因素影响，导致体育产业内部结构不合理、区域发展不平衡，产业附加值较小，整体发展速度缓慢。

总体来看，目前我国体育产业发展水平还不高，结构不尽合理；市场主体活力和创造力不强，产品有效供给不足，体育产业供给侧结构性改革亟待推进；公民体育健身意识不强，大众体育消费激发不够；市场在体育资源配置中的决定性作用尚未充分发挥；政策体系还不完善，体育产业公共服务水平有待加强，体育产业距离国民经济转型升级重要力量还有明显差距。要实现我国体育产业的经济价值和社会价值，充分发挥体育产业在建设健康中国、保障和改善民生、推进体育供给侧结构性改革、挖掘和释放消费潜力、增强经济增长新动能等方面的积极作用，就必须要解决好阻碍体育产业发展的现实问题。

首先，明晰体育产业的概念、特征、功能等，以获得对体育产业准确、全面和科学的认识。体育产业在内容和业态上的不断扩充，使这一概念的界定无论是在国际还是国内都尚未达成普遍共识，加之政府、市场和学界对体育产业的认识角度不一，以致对体育产业的定义、内涵和外延等界定目前尚存在一定的争议。因此，本书将首先论述体育产业概念的提出和讨论各方关于概念的争议，再由相关比较做出对体育产业概念的清晰界定；其次，阐述我国体育产业的发展历程以及所取得的可喜成绩；最后，查找我国体育产业发展过程中存在的问题，并分析问题产生的主要原因，以期为本书对体育产业发展问题进行伦理分析和应对策略提出的奠定基础。

第一节　体育产业的概念审视

体育产业肇始于欧洲国家，是市场经济发展的产物。随着我国经济社会的快速发展，人民生活水平不断提高，大众健康观念逐步增强，体育需求日益增多，政府逐渐通过改革体育体制，引入市场手段对体育进行产业化发展。于是，对体育产业的准确定义就成了体育产业发展研究的重要内容之一。但是由于认识角度不一，业界和学界对体育产业概念的内涵争执不下。本书通过分析体育产业的概念、功能和特征等，将体育产业定义为：“为社会公众提供体育服务和产品的活动以及与这些活动有关联的活动的集合。”

一、从体育事业到体育产业

我国的体育活动起始于古代的骑、射项目，它们也成为君子所应具备的“六艺”中的重要内容。古代，中华民族的摔跤、剑术、蹴鞠、武术、象棋、围棋等项目都曾发展到相当的高度，但其发展却不成系统，更谈不上通过市场机制成为促进国家经济发展的动力。自近代我国被迫打开国门，西式体育项目和体育教育开始传入我国，体育一时之间成了救国救民的手段之一而被社会推崇。直到新中国成立之后，现代性的体育运动才开始成规模、成系统地在国家层面上开展起来。

在新中国成立后到体育市场化、产业化这一段时间，体育的建设与发展作为计划经济的一部分，主要是被划归在各级行政单位的职责之内，未形成市场化的企业主体和系统化的产业链条，即体育发展完全处于计划经济体制下，由政府管理和控制，其发展资金完全来自国家财政，发展目的是保障社会公共利益。这种管理体制被称之为“举国体制”，源自于苏联。在这种体制之下的体育发展归属于国家事业类型，不追求经济效益，为的是服务于人民。体育作为国家事业的一种，特别是竞技体育，由于有国家的大力支持，获得了巨大的发展。

改革开放以后，随着国家工作重心的转移，经济体制得到全新的解释，公有制不再是社会主义经济成分的唯一构成，多种所有制经济共同发展的格局被确立下来。市场经济由此获得其合法性，被作为社会主义经济建设的手段之一，随之而来的则是由私人、企业为核心主体的服务产业在短时间内的突飞猛进。体育正是借此机遇进入了市场，相关的生产与消费行为也随着改革开放的深入不断壮大。1985 年，国务院颁布《国民生产总值计算方案》，正式将体育列入第三产业的范围之中，体育产业的概念从此正式在我国社会落地生根。随着我国体育市场化的不断推进，体育市场的生产及消费活动与现代经济学对于产业的界定日益吻合，其产业的属性和地位也越发明确：一是整个体育经济符合产业的规模规定性，即拥有大量的从事体育产品和服务生产、经营的企业，行业的积聚效应明显；二是体育人员配备符合产业的职业化规定性，自 1993 年足球、篮球等体育活动纷纷市场化运作以来，体育职业化的发展道路日益成熟，已经形成有体系化的职业人员；三是体育经济产能符合产业的社会功能规定性，今日的体育经济活动已经成为国民经济的重要组成部分，随着其进一步的发展成熟还会在不久的将来成为整个国民经济核心增长点之一。

从体育事业到体育产业，体育发展模式正在经历重大变化，学界对两者的作用、关系争论不休。但可以确定的是，体育产业化在我国宏观经济体制的改革深化之下将会持续进行，其发展也会进一步推动我国体育工作的整体建设。

二、体育产业的特征与功能

我国体育产业发展路径由体育事业转变而来，因此其不同于普通的产业，具有社会公益性和国家管理的特征，再加之体育本身的特性，体育产业又具有强健身体、娱乐身心的特性。最后从产业属性出发，体育产业又具有私人逐利性和市场经营的特性，这些特性决定了我国体育产业具有社会、经济、政治等方面的功能。

（一）体育产业特性

国家大力推行体育市场化和发展体育产业，出发点和落脚点都是为了人民的福祉，因此其具有社会公益性。但是体育产业的发展需要市场主体按照市场规律来运作，这就会导致私人逐利而忽视社会公益。我国体育产业虽然由体育事业转变而来，但是国家管理依然占重要地位，同时也强调市场的作用，两者缺一不可。体育产业化的最终目的是造福人民，即强健其身体和丰富其精神，使其生活幸福。归纳而言，体育产业具有三个典型的特性：

1. 社会公益性与私人逐利性共存

体育产业从市场的角度来看，其首要特性就是私人逐利性。体育市场主体的生存和发展主要依赖于自身的盈利能力，能盈利则存，不能盈利则亡。遵循的是市场经济的规律，其发展就是为了获得私人利益的最大化。但我国对体育进行市场化和产业化发展，最终是为了实现社会公益，让人民的身体得以强健和精神得以丰富，促进其身心和谐。体育进行产业化追求经济效益是为社会公益服务奠定基础。所以在 2015 年国家统计局所发布的《国家体育产业统计分类》中，将体育管理活动中的其他体育管理活动（包括体育战略规划、竞技体育、全民健身、体育产业、反兴奋剂、体育器材装备及其他未列明的保障性体育管理和服务）凸显了出来，将非职业体育竞赛表演活动（包括公益性质的非职业或业余体育赛事活动的组织、宣传、训练、展示、交流等活动）区分了出来，还新增了群众体育文化活动的类别，包括由城乡群众参与的社区、乡村（含全民健身活动站点、文体活动站以及老年、少儿体育活动中心等）体育文化展演、交流等公益性群众体育文化活动，将体育健身休闲部门中的其他休闲健身活动（包括体育电子游艺活动，网络（手机）体育游艺、展演以及电子竞技等体育娱乐活动）与另外两类休闲健身活动并列。① 这些门类获得重视，皆因其能促进体育公益的实现。体育产业的发展，终归是要为人民服务，满足他们的需求。社会公益性与私人逐利性都是体育产业的特性，但是社会公益性应该是其首要的特性。

2. 政府管理和市场经营并举

我国体育产业活动主要分为政府和市场这两大类活动。市场活动包括体育竞赛表演、体育健身休闲和其他体育产业活动。在市场内部，是市场主体发挥资源配置的作用，经营企业以获得经济利益，政府不应该直接干预。但是对于市场总体的宏观发展，则是由政府管理和主导，市场主体的逐利性与政府要求的社会公益性存在矛盾，政府必须协调这种矛盾，让体育产业化发展在逐利和公益之间获得平衡，且最终要以实现社会公益为主。体育产业不能缺少政府管理的作用，但是要严格界定政府的职能，使其不会过多干预体育市场的资源配置作用，两者各司其职。在我国，政府管理相较市场经营更为重要。

3. 强健身体和丰富精神同在

体育产业的主要功能是实现社会公益，为社会公众提供体育服务和产品，满足其强健身体、丰富精神的需要。这两种需求是体育运动本身所具有的作用，也是其受社会群众欢迎的根本所在。体育运动在西方国家产生之初，就是为了满足人类追求更加强健的身体以使其面对残酷的自然环境能够很好地生存下来的需要。随着人类生产力的提高，体育运动除了强健身体之外又具有了新的作用。人类不仅要面对大自然的威胁，还要面对人

① 国家统计局．国家体育产业统计分类［S］．2015. 9.

类之间的威胁，欲望、战争、痛苦等充斥人类的生活，于是人类选择在体育运动中培养积极进取、拼搏向上精神、追求和平的美好生活。通过体育运动，人类的意志得到磨炼，精神得到丰富，人格获得完善，与强健身体一起促进人类身心和谐，从而使其能够获得更幸福的生活，而不仅仅是求生存。正是因为体育运动有这样的魅力，所以体育运动能受欢迎从而被纳入市场化、产业化发展的轨道。因此，体育产业的发展，要发挥体育运动强健身体和丰富精神的作用，促进广大群众身心和谐，满足其对幸福生活的追求。可见，强健身体和丰富精神是体育产业的两个重要特征。

（二）体育产业功能

体育产业因其具有社会公益、国家管理、强健身体和丰富精神等特性，所以具有促进个体身心和谐、维护社会秩序等社会功能，推动国民经济增长、构建产业生态圈等功能，提升民族凝聚力、增强国家综合竞争力等功能。

1. 经济功能

首先，体育产业对于国民经济发展具有重要作用，有利于增强经济增长新动能。《体育产业发展“十三五”规划》表明“2014 年全国体育产业总规模超过 1.35 万亿元，实现增加值 4041 亿元，占当年国内生产总值的 0.64%。”① 而我国体育产业的发展目标是“到 2020 年，全国体育产业总规模超过 3 万亿元，体育产业增加值的年均增长速度明显快于同期经济增长速度，在国内生产总值中的比重达到 1%。”② 很显然，体育产业发展对于我国国民经济的作用是巨大的，随着人民群众物质生活水平的提高，对强身健体和愉悦身心的需求进一步增强。国际经验表明：人均 GDP 达到 2500 美元时，大众会对体育健身有所需求，人均 GDP 达到 5000 美元时，体育健身将成为必然需求。2014 年，我国人均 GDP 已达到 7575 美元，可见，我国体育健身消费需求将会日趋强烈，体育产业发展空间巨大，并可

① 国家体育总局．体育产业发展“十三五”规划［Z］．2016.
② 国家体育总局．体育发展“十三五”规划［Z］．2016.

能成为未来国民经济的支柱产业之一。其次，体育产业作为当前政府重点培育和关注的绿色产业和朝阳产业，其多元主体的发展模式、惠及民众的发展目标等，对我国整体经济进一步的转型升级、经济生态圈持续改善具有巨大的推动作用。最后，体育产业发展所带来的巨大经济效益本身可为产业伦理的完善、个体道德的挺立提供坚实的物质基础，以使体育产业内在具有的道德正义性、经济发展中的公益情怀得以伸张，最终实现经济反哺社会、富裕扶持贫困的良性循环。

2. 社会功能

从体育事业向体育产业化转变，从纯粹追求社会公益向允许追逐私利转变，这种变化并非说明体育工作的开展不再追求社会效益。其做出转变的原因只在于借助市场的手段能够更好地发展体育产业作用，进而更大程度地惠及民众、满足人民强身健体和丰富精神的体育需求。国家体育总局在《体育产业发展“十三五”规划》中明确表示，发展体育产业的重要目的之一就在于“建设健康中国、保障和改善民生”①。体育通过产业化发展，能够极大地促使人民参与到体育运动中来，起到锻炼并强健身体、展示人体力与美、增强心理健康和自信、培育个体健全人格等积极功效，为个体的身心协调、自由、全面发展提供切实帮助。体育产业中围绕体育活动所进行的生态和设施建设，可以起到美化社区生态环境、完善相关硬件设施的作用，这对于打造城市品牌、提升人民生活幸福指数无疑是大有裨益的。此外，由体育活动所塑造出来的具备规则意识、遵守契约原则、人格健全、交往和善的个体在组建家庭、融入社会的过程中都能表现得更为优秀，这将有效地推动社会风气的净化、社会秩序的建构。

3. 政治功能

政府作为体育产业规划和管理的宏观主体，在推动体育产业发展中负有重大责任。近年来，尽管我国体育产业快速发展，但从总体上看，问题仍比较突出。集中表现为：一是产业结构不合理，主要是产业层次低，城

① 国家体育总局. 体育产业发展“十三五”规划［Z］. 2016.

乡、地区发展不协调；二是产业经营方式粗放，投入多、消耗高、效益低，付出的资源和环境代价过大。我国体育产业发展方式存在的问题，既同我国经济发展所处的阶段有关，也同我国经济发展内外部环境的变化有关，更同政府职能转变滞后有关。政府的职能和行为决定着体育产业的发展方向和管理的主要形式。政府作为公共权力行使者、政策措施制定者、经济活动管理者、体育资产所有者、改革创新组织者，它所具有的特殊地位决定了政府对体育产业发展方式具有广泛的的影响和重要推动作用。体育产业健康发展与否直接影响我国人民群众生活的幸福安康。为此，政府就必须努力推进体育产业的合理布局和科学管理，处理好体育产业发展与改善民生的关系，确保体育产业发展符合社会和谐幸福的人道宗旨，合乎对人伦的关照。

三、体育产业的概念争议

自体育产业的概念被提出之后，政府、市场及学界诸多的专家、学者从不同的研究立场、视角和目的对体育产业加以审视，企图为之做出一个明确且精准的界定。然而，因为受到研究立场、既有体育活动的认定、传统体育项目的定位以及体育市场化利弊判断等不确定因素的影响，体育理论界至今也无法就一个严格而准确的体育产业概念达成一致的看法。这些差异化的定义所存有的争议主要体现在：一是体育产业和体育事业的关系是什么？二是体育产业的范围到底应该有多大，是以体育主体活动为主，还是包括体育相关产业？三是体育产业是活动的集合还是企业的集合？

首先，就对体育产业与体育事业关系的解读来讲，对体育产业的定义可分为三类。1985 年国务院颁布的《国民生产总值计算方案》，将体育列入第三产业，体育产业得到确立。但体育真正的产业化和职业化却始于 1993 年，是以原国家体委的《关于深化体育改革的意见》的通过为开端，在此之后，体育产业的核心部分——竞赛表演、健身娱乐等才开始切实地步入市场化的发展轨道。自此，体育改革迈出了重要一步，开始按照社会主义市场经济发展的要求来进行体育改革。体育按照社会主义市场经济的发展规律来进行产业化发展探索，使体育产业与产业化之前的体育事业产生了明显区别。大部分研究者借此便将体育产业和体育事业进行二分的审视，认为体育产业和体育事业是截然不同的事物。体育产业是社会主义市场经济体制运行下的事物，按照市场规律，追求私人和企业利益的最大化。体育事业则是作为计划经济体制下的事物，由国家财政支撑，追求集体和社会利益的最大化。

部分学者则从手段服务于目的的视角着手，对体育产业和体育事业的二分观点持反对意见，认为体育产业虽采用社会主义市场经济体制来运行，与过去意义上的体育事业存在差异，具有了一些新的内容和特点，但这只是名称和现象的改变，本质并没有变化。体育产业依旧还是体育事业，其最终目的依然是提供公共服务。虽然引入了市场经济的手段，使体育产业从现象看起来发展的目的是促使企业和个人追求私人利益最大化，但是这仅仅是手段而已。就像社会主义引入市场经济，其目的在于更好地发展经济、服务人民，更好地实现社会主义的理想，并非意图走资本主义道路。体育产业的发展亦是如此，它依然是体育事业，只不过为了某些方便，于是用了体育产业这个概念，但实质是一致不二的。如鲍明晓就此认为："体育产业就是社会主义市场经济体制下运行的体育事业，是体育事业由传统的计划经济体制转到社会主义市场经济体制的称谓。"①

对体育产业与体育事业关系的界定除了上述二分和趋同的两类态度外，也有学者提出了理解的第三条道路。他们既承认体育产业与体育事业有着性质上的差别，即体育产业追求私人利益，体育事业追求公益，也主张体育产业从本质上来说属于体育事业，是体育事业的一部分，并没有获得完全的独立地位。体育产业在本质上就是体育事业中经过改革而被放入市场、追求经济利益的那部分，是国家为了经营创收和利用市场手段促进发展的体育活动，因此，体育产业的诸多活动依旧隶属于体育部门主办。而且，就连体育产业内部本身都包含有不追求赢利的公益部分，其目的正在于向社会提供更为公平、公正的体育物品和服务。

---

① 鲍明晓. 对我国体育产业热点问题的思考［J］. 体育科学，1999（7）：15－17.

其次，就算认可了体育产业的核心是市场交易，但对这一市场所包含的内容和范围，却也存在诠释维度上的广义和狭义之分。1992 年，原国家体委对体育产业的概念做了第一次正式的界定，认为体育产业就是生产体育物质产品和精神产品，提供体育服务的各行业的总和。这一定义正是站在广义视角所得出的结论，即认为体育产业是生产和经营的市场化活动，因此只要与体育生产和经营活动相关的所有项目都应包括在其中，从体育物质产品、体育服务产品以至体育精神产品都是体育产业的构成部分。不仅政府，学者之中也不乏从产业链的广义维度来诠释体育产业的，认为“体育产业是社会各部门开展的与体育有关的一切生产和经营活动的总和，体育产业不仅包括向社会提供体育服务的各部门，还包括提供有形体育物质产品的生产部门。”① 依此范围划分标准，体育产业的基本内容包括体育竞赛表演、体育健身休闲、体育用品及相关产品制造、体育用品及相关产品销售、体育中介以及贸易代理与出租、体育场地设施建设、体育游戏的开发与销售等，从有形之物到无形之精神，从前端之场地建设到尾端的游戏推广，无不包纳在体育产业的范围中，构成一个完整的体育物品生产和市场消费链条。

与广义体育产业的解释相对，狭义体育产业则依照 1985 年国务院颁布的《国民生产总值计算方案》，认为体育产业只应归属于第三产业，即体育服务业才是体育产业，唯有抓住体育服务这一本质才是对体育产业的精准认知。如钟天朗在其所著《体育经济学概论》（2004）中提出：“体育产业是提供体育劳务（或服务）这种非实物形式的特殊消费品的产业部门。”② 体育产业的本体是体育服务业，唯有体育竞赛、体育休闲娱乐等服务项目才是体育产业的涵盖范围。体育用品及相关产品制造、体育场地设施建设等体育实体性的相关行业都不属于体育产业，它们仅仅是与体育产业相连而已，并不具备体育产业的独特属性，不能反映出体育的本真旨趣。概而言之，持狭义体育产业观的学者认为必须把体育用品等与其他产

---

① 曹可强．体育产业概论［M］．上海：复旦大学出版社，2004：10－11.

② 钟天朗．体育经济学概论［M］．上海：复旦大学出版社，2004：59－60.

业具有公共性的部分都从体育产业中剔除，这样才能还原体育产业的真实面貌，不致使之含混不清。

最后，就体育产业是活动还是企业的集合来讲，则是由经济学、统计学这两大不同研究范式所引发的差异性解读。经济学以市场生产和经营的主体是企业这一现象为基点，认为现代性产业的构建主体既不能是宏观性质的中央或地方政权，也不是微观层面的个体或家庭，甚至不是偶然性质的单个企业，而必然需要以同类性质的企业集合为表征。张塞、桂世镛在《当代中国经济大辞库》（1993）曾对现代产业的属性做出了具有代表性的表述："所谓产业，是指介于宏观经济与微观经济之间的具有某种同一属性的企业的集合，它既不是宏观经济的单位国民经济，也不是微观经济的细胞企业或家庭消费。由于一个企业往往不只是从事一种商品的生产经营活动，所以作为产业的企业的集合并非是具体企业所有生产经营活动的集合，而是具有某种同一属性的企业经济活动的集合"。苏东水在其《产业经济学》（2000）一书中同样认为，"企业经济活动集合中具有某种同类属性的即为产业，生产和经营体育商品的企业集合体即为体育产业"。此外，韩丹（2003）也认为体育产业是体育企业的集合，"是指从事不同运动项目的训练和比赛活动，以及指专门为这些活动服务的企业的集合，它专门研究体育行业中形成（或潜在）的企业的集合，不包括体育行业中的公益事业部分。"① 骆秉全在《体育经济学概论》（2006）中提出："体育产业可以界定为生产和经营体育物质产品或生产经营体育服务产品的企业群"。

以统计学视角来审视体育产业，则认为其范围超出了企业形态，而是与体育相关的活动的集合。采用这一视角的主体则主要集中于政府部门，其中又以国家统计局为核心机构来进行。国家统计局作为国务院的直属机构，主管工作就是统计和核算国民经济，建立并且健全国民经济核算体系和统计指标体系。它所发布的方案要经国务院进行批准，属于行政法规，具有法律性质，在其适用的范围内拥有相当于法律的约束力，但是效力弱于正式法律。其他政府部门通过统计局所得相应的统计指标，为行政工作

---

① 韩丹．"产业"与"体育产业"辨析［J］．山东体育学院学报，2003（2）：9.

的开展提供必要的模块和数据支撑。1985 年国家统计局发布的《国民生产总值计算方案》，将全部经济活动分为第一产业、第二产业和第三产业，其中体育就被放在了第三产业的第四个层次，即“为社会公共服务的部门，包括国家机关、政党机关、社会团体以及军队和警察等”。2008 年，国家体育总局和国家统计局从统计学的角度，将体育及相关产业的概念界定为：“为社会公众提供体育服务和产品的活动，以及与这些活动有关联的活动的集合。”① 待到 2015 年国家统计局所发布的《国家体育产业统计分类》，更是明确地将体育产业所包含的活动进行细致的分类处理，不仅涵盖体育管理活动、体育竞赛表演活动、体育健身休闲活动、体育场馆服务、体育中介服务、体育培训与教育、体育传媒与信息服务、其他与体育相关服务、体育用品及相关产品制造、体育用品及相关产品的销售、贸易代理与出租、体育场地设施建设等 11 个大类，还在大类之下继续区分，划归出 37 个种类、52 个小类。从这套最新发布的体育及其相关产业的分类标准与统计制度中可知，体育产业在整个国民经济中的定位是包括管理、生产和消费的整个活动链条的，不仅涉及企业经营，也与政府引导直接相关；不仅为经济盈利，也与社会民生紧密相连，不仅包含体育本体产业，也涵盖基础性的体育场馆建设等。

四、体育产业的概念界定

上述各方之所以对体育产业内涵的界定存有差异，其根本就在于因各自领域或立场的不同引发了不同的审视视角，最终导致结果上的大相径庭，甚至是彼此对立。然而，无论是站在何种领域发言，若想要准确地把握体育产业的定义，就必须从以下两点出发：

其一，经济的建设绝不在于为经济发展本身，而在于为人类的发展，即便被称作“看不见的手”的市场经济也是如此。这就意味着，产业化道路作为当前世界各国发展经济的主流模式，但无论其手段是集中行业力量

① 张林，刘炜，等．中国体育及相关产业统计研究［J］．体育科学，2008（10）：19.

实现局部性的优势增长，还是构建和完善某一领域产品生产与供应的完整链条，最终目的无不指向为社会提供更好的公共服务，为民众提供更为安全、便捷的生活条件。换言之，体育的市场化、产业化发展方式，不只是为相关企业谋利所为，也不只是为具备一定经济基础的体育消费者所备，更是面向社会全体公民，让国家建设切实惠及百姓，保障国民体育权益的一项公共性的服务事业。

其二，体育产业的准确定位必须结合具体的语境——国情、社情、民情，才可能做到有的放矢。世界范围内，虽然体育产业起源于西方国家，发展成熟于欧美经济发达国家，但若是就此照搬其内涵、发展路线，无疑会陷入“本本主义”误区。尽管欧美经济发达国家的体育产业在发展模式上趋于理想，并产生了巨大的经济效应，但可以肯定的是其体育产业发展是建立在适宜于本国国情发展基础之上。而我国作为社会主义国家，中国特色社会主义经济制度决定了体育产业发展必须建立在公有制经济基础之上，这与西方国家的古典自由主义，新自由主义所主导的主张“自由化”“私人化”“市场化”有着本质区别。因此，我国体育产业发展既不能与“公有制”和“社会主义制度”相左，也不能游离于政府的宏观调控之外，而要把实现社会主义公有这一最高旨趣作为体育产业发展的根本遵循。

依循市场经济作为手段以及中国自身国情两大出发点，便可以对上文所提及的差异化的体育产业定义进行合理的融通，并最终得出一个切合于我国国情的、真实的体育产业内涵。

第一，就体育产业与体育事业的关系而言，如果体育事业是指专属于计划经济体制下的行政主导、国家安排，那么体育产业确实与之存在着质的差别，因为体育产业的形成是以改革开放所带来的个体和企业等私有化经营为背景兴起的，以市场运作为核心开展的。如果体育事业指的是为大众提供公共服务、社会保障，体育产业则内在地指向，甚至是包含体育事业的内容。这一点从改革开放之初论证市场经济的合法性、社会主义的建设模式时便已然见得。市场经济和宏观调控都只是作为社会主义建设的手段，分配制度上的先富与后富都是为了最终的共同富裕为目标。以中国特色社会主义大背景为出发点，体育产业的市场化与体育公共服务完善的关系便自然变得清晰。当然，体育产业的发展形态虽然可以简化得看作是体育公共服务在发展手段和提供渠道的转化，却也无疑需要我国整个体育发展方式的转型，如职业运动员的自主化培养、管理模式的管办分离、体育公共支出的多元主体等，如此才有机会最大限度地发挥体育市场的效率和调整等功能，使之成为一种实至名归，而非表里不一的发展模式。

第二，就体育产业市场内部的构成环节而言，现有的体育竞技表演和体育休闲娱乐等服务类别确实是核心的内容，也明确地显现出体育活动区别于其他活动的特点。相比之下，体育用品生产、体育场馆建设以及体育旅游、体育金融等则更多是建立在其他行业的发展基础之上的，是行业间相互融合的结果，其中所蕴含的体育特色往往偏弱，因此其体育产业的内部地位也遭受到一定的质疑。想要明晰体育产业是否包含制造业、建筑业，甚至旅游业、金融业的面向，只需要对体育及体育产业的发展作一个纵向的考察，其中答案便显而易见。体育及体育产业的独立本就是一个专业分工的过程，而且这一专业化、分工化的趋势在人类发展史上从未停止过。推而论之，现有的体育核心产业已然具有鲜明的自主特色，体育制造业、建筑业以及其他方面则在专业化道路上不够成熟，但随着社会专业分工的进一步细化，体育产业现有的诸多公共性内容也必将更为贴合体育的特征与精神，甚至在未来的社会发展环境下成为体育产业的核心环节。体育制造业的专业化倾向从体育运动爱好者对专门性装备、场地等要求的不断提高中便可见得。因此，体育产业的范围应取其广义之说，即以体育服务业为核心，延伸到相关的制造业、旅游业等。而且，随着社会发展水平的提升，体育产业多元并包的开放性特征还将进一步强化，其范围也会随之不断扩大。

第三，就体育产业是企业还是活动的集合，市场化的企业及其群聚效应的产生确实是作为体育产业提出的原初推动力，但企业却不能完整地体现体育产业的整个服务链条。政府的管理和协调作用对于体育市场的发展依旧具有举足轻重的效应，这种影响不仅体现在宏观层面的体育产业发展战略的制定以及中观层面上对体育联赛的管理，还体现在微观层面对职业运动员的培养和使用上。企业在体育产业中的主体地位不容置辩，但却也不能因此否定政府、其他社会机构，如学校、民间协会等在体育产业链中所发挥的作用。

基于上述三点，作者认为对体育产业内涵的界定必须持广义的、开放的视角，不仅看到市场所主导的盈利行为，也认识到其树立的为公众服务的目标；不是将之限定在现有的体育核心产业之内，而是需要包括那些与之相关活动；不只考虑到实体性的企业生产与销售，也要顾及政府及社会其他机构对体育产业发展所做的贡献。因此，本书整体上依循国家统计局所做的界定，即“为社会公众提供体育服务和产品的活动，以及与这些活动有关联的活动的集合”。因为此定义既指明了体育产业的最终目标群体是社会公众，又在市场结构中包括了服务和产品两大类别，在外延上肯定了与体育相关的其他活动在体育产业中的合理地位。

第二节　我国体育产业的发展历程及成果

体育产业形成、发展和成熟于西方发达国家。其中，职业体育成为率先发展领域，竞技表演业逐渐成为体育产业的支柱产业。由于科技进步带来的经济大发展，人们强健身体、愉悦身心的需要成了热点，体育健身休闲产业迎来了发展的黄金时期。随着西方国家经济社会的快速发展，健身休闲业（体育服务业）也逐渐成为体育核心产业。

我国体育产业发端于20世纪90年代，以体育职业化作为“火车头”。改革开放以来，随着我国经济社会的发展，人民生活水平的不断提高，体育产业逐步发展和壮大。但总体来看，体育产业发展速度较为缓慢，产业总体产值不大，职业体育（体育竞赛表演）和体育健身休闲业（体育服务业）市场规模相对有限，呈现出体育产业结构不合理，体育服务业占比偏低，非主体产业的体育用品一家独大的格局。现阶段，我国体育用品业是体育产业的主要支撑，约占体育产业总产值的80%。而作为主体产业的体育服务业在体育产业总产值中占比较小，2015年其占比只有22.38%，远远低于美国体育服务占比的57%。

尽管如此，纵观我国体育产业的二十余年发展历程，所取成果依然丰硕。一是产业规模逐步扩大。2014 年全国体育产业总规模超过 1.35 万亿元，实现增加值 4041 亿元，占当年国内生产总值的 0.64%，显现出成为我国经济新兴产业的巨大潜力。二是产业体系日益健全。体育产业初步形成了以竞赛表演和健身休闲为驱动，体育用品为支撑，体育场馆、体育培训、体育中介、体育传媒等行业快速发展的良好态势。体育与科技、文化、传媒、健康、养老、旅游等相关行业日益融合。三是产业结构明显优化。体育用品业稳定增长，体育服务业比重逐步提升，体育产业呈现出多种经济成分并存，非公有制经济占据主体的格局。四是产业政策取得了重大突破。2014 年 10 月，国务院印发的《意见》明确了体育产业的地位，指明了发展方向。①

一、我国体育产业的发展历程

我国体育产业与西方体育产业发展略有不同，西方是随着市场经济的形成和发展，体育自然而然地进行了产业化，形成以市场为主导的发展模式。而我国是由政府完全决定的计划经济体制逐渐转型，引入市场手段让市场发挥资源的配置作用，使体育市场化和产业化。

（一）体育产业发展萌芽期（1978—1992 年）

在 1978 年改革开放之前，我国体育运动以体育事业的方式存在和发展，处于社会主义计划经济体制中，不追求经济效益的纯公益事业，完全依赖于国家的支持。1978 年十一届三中全会以后，我国进行了改革开放，逐渐转变了体育发展方式，开始引入西方的市场手段来进行资源配置。改革开放第一步，就是改革政府财政，实行放权让步，逐渐改变传统高度集中的计划经济体制。改革指导原则为“计划经济为主，市场调节为辅”，我国不再认为政府的经济职能能够完全胜任目前的经济发展任务。政府的

① 国家体育总局．体育产业“十三五”发展规划［Z］．2016.

经济职能是不可或缺的，但是同时也需要承认市场调节的作用，发展商品经济有利于国民经济的增长。

1984 年，《中共中央关于经济体制改革的决定》发布，提出要改变“把计划经济和商品经济对立起来的传统观念”，并重新界定了政府的职能，认为政府对市场不应该进行直接干预，而应从宏观上实施调控，调节市场逐利性与体育发展的社会公益性矛盾。

1986 年，国家体委发布了《关于体育体制改革的决定》，这个决定是在新环境下对体育事业发展的思考，也是顺应国家总体战略转变及发展的要求。该决定提出要对体育体制进行改革和完善，但仅仅是完善，并没有涉及根本。这次改革的主要目标是为了解决体育事业发展过程中出现的部分体育项目竞技水平落后、后备力量缺乏和体育部门领导与监管不足等问题。在改革中，政府也看到了现存体育体制的问题，体育的发展过于依赖国家，只追求社会公益而不追求经济效益，不利于总体体育事业的发展，而且各级体育管理部门对体育事业的领导、协调、监督作用并没有得到很好的发挥，国家不应该将体育的发展全由政府“包办”，而是要发动社会的力量来办体育，让体育事业得到更好的发展，以此才能更好地满足人民群众的体育需求。政府认识到了这个问题，并且知道这个问题会制约体育的发展，但是这种认识还不够深刻，还认为“现行领导体制基本上是可行的”。所以这次改革作为我国第一次对体育体制进行的改革，没有带来体育的真正产业化，仅仅是体育现存体制内的调整和完善，没有触及计划经济体制下的体育体制转变的根本问题。因为在这个时期，我国对政府职能和市场作用还处于探索期，旧有的观念和体制对人们的影响非常大，要获得实质改变需要一个过程。不过这次改革虽然没有促使体育的真正产业化，但是对中国体育的市场化和社会化还是起到了推动作用。

第一，推动了体育场馆的市场化和社会化。政府认识到了发动社会力量的重要性，所以首先尝试放开体育场馆，引入社会力量，不再是完全由政府来管控体育场馆，而是转变为以体委管控为主，允许市场经营方式的存在，将体育场馆面向社会，追求经济利益，即“以体为主、多种经营”。原国家体委提出“在优先保证发展体育事业的前提下，逐步实现场馆面向群众、面向社会，并由行政管理型向经营管理型过渡；在保证体育活动的前提下，发展多种经营，广开财路，提高场馆使用率，逐步做到自负盈亏，以场馆养场馆。”① 在体育场馆领域的突破是政府在认识上的转变和行动上的进步，实践证明发动社会力量，进行体育市场化有利于体育事业的发展，能够让体育发展更好地服务社会，同时还能获得经济利益。

第二，除了在体育场馆方面进行了尝试和改变，这次体制内的改革还推动了竞技体育的市场化和社会化。政府不再完全以事业单位的形式管理体育竞技，而是将其在一定程度上面向社会，将权力下放，发动社会的力量办体育竞赛，允许和鼓励专业运动队与企业进行一定限度的经济合作，不再阻止体育竞赛与经济活动挂钩，可以让企业为了其自身的宣传来赞助体育竞赛。形成了“内引外联”“体育搭台、经贸唱戏”的新状态。有了企业在资金上的支持，相继出现了一个又一个的体育竞赛和体育经济体，如上海虹口体育场、南京五台山体育中心、广州白云足球队、万宝路广州网球精英赛等。这次在体育竞技上的成功改革，为之后的体育职业化的顺利发展做出了巨大贡献。总体来说，“该阶段的主要特征是‘以体育场馆改革为龙头，带动运动队和体育竞赛活动吸引社会资金’，它是体育界进行体育经营性活动的初步尝试。”②

在这个阶段，我国体育场馆租赁市场逐渐形成，体育竞赛表演市场有了一定程度的发展，但体育的职业化发展步履维艰，发展缓慢。此外，随着我国经济社会的快速发展，人民群众的体育消费能力有效提升，体育消费需求不断增加，促使大量体育场馆面向社会开放，并带动了体育竞赛表演行业以及体育用品和服务市场快速发展，从而逐步壮大了体育市场规模，扩大了体育产业经济总量。在一些大城市，随着人们工作压力的增大，生活水平的提高，部分中高收入人群开始对体育健身休闲有了消费需求。在此背景下，西方发达国家众多健身休闲项目逐步被引入国内，由此

---

① 张林，等．改革开放30年我国体育产业发展回顾［J］．上海体育学院学报，2008（4）：2.

② 张林，等．改革开放30年我国体育产业发展回顾［J］．上海体育学院学报，2008（4）：2.

我国的体育健身休闲市场开始萌芽和发展。

（二）体育产业发展成长期（1993—2009 年）

1993 年，国家开启了体育体制的根本性改革，体育的职业化和产业化真正开始。1993 年 5 月 24 日，原国家体委发布的《关于深化体育改革的意见》，成了"新时期体育改革的标志"。该《意见》将改革总目标设定为："改变原来在计划经济体制下，单纯依赖国家和主要依靠行政手段办体育的高度集中的体育体制，建立与社会主义市场经济体制相适应，符合现代体育运动规律，国家调控，依托社会，有自我发展活力的体育体制和良性循环的运行机制，形成国家办与社会办相结合、集中与分散相结合的格局。力争在 20 世纪末初步建立具有中国特色的社会主义体育新体制。"① 此次改革之所以被认作新旧交替的标志性事件，在于它触及体育体制转变的根本问题，即摆脱计划经济体制的束缚，不再完全依赖国家力量来办体育，要建立与社会主义市场经济体制相适应的体育新体制，就需要政府和社会共同办体育。

该《意见》还明确指出深化体育改革需要着重做好十个方面的工作，其中第六个方面就是"以产业化为方向，增强体育自我发展能力。"其余九个方面分别是进一步改革体育行政管理体制、加强宏观调控能力，加快运动项目协会实体化步伐、建立具有中国特色的协会制，建立集中与分散相结合、多强对抗的训练体制，改革竞赛制度、实行分级分类管理，坚持社会化方向、加快群众体育的发展等。

1993 年全国体委主任会议又制定了《关于培育体育市场，加快体育产业化进程的意见》，将体育产业建设基本思路确立为"面向市场，走向市场，以产业化为方向"，"体育产业问题作为深化体育体制改革的一个重要问题提上议事日程"②，我国体育产业化发展之路也因此而正式开启。

① 伍绍祖等．中华人民共和国体育史（1994 - 1998 年）［M］．北京：中国书籍出版社，1999：356 - 364.

② 伍绍祖等．中华人民共和国体育史（1994—1998 年）［M］．北京：中国书籍出版社，1999：268.

1994 年，中国足球率先进行职业化改革并取得了成功，全国性足球联赛顺利进行，以“俱乐部”为单位的联赛制度得以构建。足球产业化和职业化的成功，很快便带动篮球、排球、乒乓球等运动进行了相应的职业化和产业化发展。

1995 年，原国家体委发布的《体育产业发展纲要（1995—2010 年）》(以下简称《纲要》)，再次明确了要发展体育产业的重要性：“发展体育产业是适应社会主义市场经济体制的需要，是推进体育改革、增强自我发展能力的一项重大战略举措；加快体育产业的发展有利于深化体育改革、转换机制。”①《纲要》指出发展体育产业要坚持改革，改变传统计划经济体制下的体育发展方式，不仅要追求经济效益，还要注重社会效益，坚持国家和社会一起办体育等。此外，《纲要》还对我国体育产业进行了分门别类，反映了我国体育产业的现状，为我国体育产业的发展提供了参考和指导。“我国体育产业包括三大类别：第一类为体育本体产业类，指发挥体育自身的经济功能和价值的体育经营活动内容，如体育竞赛表演、训练、健身、娱乐、咨询、培训等方面的经营；第二类指为体育活动提供服务的体育相关产业类，如体育器械及体育用品的生产经营等；第三类指体育部门开展旨在补助体育事业发展的其他各类产业经营活动，即多种经营，如酒店、房地产开发等。”② 以此分类为基础，《纲要》提出了未来体育产业发展的具体目标，并依此对我国体育产业化发展进行指导和促进。到 20 世纪末，基本形成以体育主体产业为基础、多业并举、多种所有制并存、共同发展的产业发展新格局；重点培育和发展体育健身娱乐市场、体育竞赛表演市场、体育人才、技术信息市场和体育用品市场等；形成一批符合现代企业制度、产权明晰、开展体育经营、综合开发、效益显著、规模发展的股份制企业或企业集团……

1996 年，第 8 届全国人大四次会议通过了《国民经济和社会发展“九五”计划和 2010 年远景目标纲要》，继续强调“体育工作要形成国家和社

---

① 原国家体委．体育产业发展纲要（1995—2010 年）[Z]．1995.

② 原国家体委．体育产业发展纲要（1995—2010 年）[Z]．1995.

会共同兴办体育事业的格局，走社会化、产业化道路”，兼顾经济效益和社会效益。因为有国家最高权力机关的大力支持，再结合中国特色社会主义市场经济发展的大环境，我国的体育产业化和职业化得以顺利开展。国家体委对全国性单项协会实行实体化或项群管理、俱乐部进行职业化、举办“中国体育用品博览会”，促进体育竞赛表演市场化发展、发行体育彩票、成立体育基金会等。

2005 年，国家体育总局召开全国体育产业工作会议，指出体育产业绝不是可有可无的，“体育产业跟群众体育、竞技体育，都是我国体育事业重要组成部分”，“体育产业绝不仅仅是体育部门自身所办的产业，而是作为社会经济生活一部分的体育产业，是全社会的体育产业。”此次大会还总结了我国体育发展的历史、分析了其发展现状，并提出了对我国体育发展的未来规划。

2006 年 7 月，国家体育总局发布《体育事业“十一五”规划》，强调体育产业发展须以本体产业服务业为主，鼓励社会力量参与到发展之中，要为社会公众的需求而服务：“初步建成与大众消费水平相适应，以体育服务业为重点，多业并举、门类齐全、结构合理、规范发展的体育产业体系，形成多种所有制并存、全社会共同参与、共同兴办的格局。”与此同时，国家还大力开展各项有利于体育产业发展的活动，如体育服务认证、全运会市场开发、体育服务标准化工作、体育产业统计、国家体育产业基地建设等。

2008 年，我国成功举办了奥林匹克运动会，这不仅对我国政治、经济、文化的发展起到了重要的推动作用，对我国体育产业的发展也起到了重大推动作用。体育竞赛表演由此得以迅猛发展，体育竞赛表演的发展又带动了其他相关行业的兴盛，如体育健身休闲、体育中介、体育培训、体育用品等。我国的体育产业体系借此契机得以不断完善、体育产业结构不断优化。

整体来看，我国体育产业发展在该阶段的主要特征体现在：改变了传统计划经济体制下的体育发展模式，体育管理体制从举国体制转变为双轨制，即不再单纯依赖政府力量办体育，开始发动社会力量参与到体育建设中来，主张国家和社会一起办体育，初步形成了体育产业化、职业化的发展规模和体系，体育竞赛表演、体育健身休闲等多种产业共同发展，追求经济效益的同时也强调社会效益的实现。

（三）体育产业高速发展期（2010 年以后）

2010 年 3 月，国务院办公厅发布《关于加快发展体育产业的指导意见》，强调要继续加快体育产业的发展，为国民经济增长和人民体育需求的满足做出贡献。此后，各级政府和体育机构不断出台相关利好政策，促进体育产业高速发展。

2011 年 4 月，国家体育总局发布《体育产业“十二五”规划》。2012 年 2 月，中国足球协会又发布了《中国职业足球联赛管办分离改革方案（试行）》。在政府政策的引导和支持下，体育产业发展形势一片大好。

2014 年 10 月，国务院发布《关于加快发展体育产业促进体育消费的若干意见》（国发〔2014〕46 号），进一步明确发展体育产业的重要性和必要性，指出“发展体育事业和产业是提高中华民族身体素质和健康水平的必然要求，有利于满足人民群众多样化的体育需求、保障和改善民生，有利于扩大内需、增加就业、培育新的经济增长点，有利于弘扬民族精神、增强国家凝聚力和文化竞争力。”① 除此之外，该文件还针对体育产业发展速度快，各种产业共同发展，但总体上，体育产业的规模不够大、活力不够强，以及还对存在一些影响体育产业发展的体制障碍等问题提出了更为清晰的指导办法，即创新体制机制、培育多元主体、改善产业布局和结构、促进融合发展、丰富市场供给、营造健身氛围，以及大力吸引社会投资、完善健身消费政策、完善税费价格政策、完善规划布局与土地政策等。

2015 年 3 月，国务院办公厅印发《中国足球改革发展总体方案》，进一步深化我国足球领域的体制改革：“中国推进足球改革与发展包括进一步改革足球管理体制，推行‘政社分开、政企分开、管办分离’，加快推

---

① 国务院．关于加快发展体育产业促进体育消费的若干意见［Z］．2014.

进体育行业协会与行政机关脱钩。对于足协的领导机构，《方案》明确规定中国足协将不设行政级别，由国务院体育行政部门代表、知名足球专业人士、社会人士和专家代表等组成，保证足协领导机构的专业化。”① 如果此《方案》所预定的将行业协会与行政机关脱钩的改革取得预期成果，那将可以迅速推及至其他体育运动项目中去，体育体制既有的双轨制将会因此被彻底改变，体育产业的发展必能由此迈入新阶段。

2016 年 5 月 5 日，国家体育总局发布《体育发展“十三五”规划》，提出体育产业未来五年的发展方向：“到 2020 年，全国体育产业总规模超过 3 万亿元，体育产业增加值的年均增长速度明显快于同期经济增长速度，在国内生产总值中的比重达到 1%，体育服务业增加值占比超过 30%，体育消费额占人均居民可支配收入比例超过 2.5%。”②

总体而言，这一阶段我国体育产业获得了高速发展并实现突破，为国民经济和人民福祉做出了巨大贡献。国家和政府层面不断给予政策利好，体育管理体制再次获得突破性进展，体育产业发展的政策环境不断优化，市场管理制度不断完善，体育产业的总规模不断扩大、产业结构渐趋合理、产业体系不断丰富。这些成果为我国体育产业未来的发展奠定了基础，其“朝阳产业”的特性将在今后的发展中进一步展现出来。

二、我国体育产业的发展成果

经过二十余年发展，我国的体育产业门类逐步健全，体育市场产品和服务种类比较丰富。传统业态如体育竞赛表演业、体育健身休闲业、体育中介等快速健康发展，新兴业态如体育旅游、体育游戏、“互联网 + 体育”等不断涌现并呈现良好发展态势。体育服务业快速发展，体育用品业增长稳定，产业总体发展态势良好，取得了较好的发展成绩。主要体现在：体育产业增速持续走高，产业规模不断扩大，初步形成以竞赛表演和健身娱乐业为领头以及以体育用品业为支撑的多产业共同发展的局面，体育管理

---

① 国务院．中国足球改革发展总体方案［Z］．2015.

② 国家体育总局．体育发展“十三五”规划［Z］．2016.

体制的双轨制发展模式基本构建等。

1. 体育产业总规模不断扩大，增长速度较快

"2014 年全国体育产业总规模超过 1.35 万亿元……2011～2014 年体育产业增加值年均增长率为 12.74%，凸显出成为国民经济新兴产业的巨大潜力。"① 截至 2015 年，我国体育产业总产值达到了 1.8 万多亿元。依照现有的 12.74% 的产业年均增长趋势，全国体育产业总产值到 2020 年时将有机会突破 3 万亿元大关。体育产业总规模的不断扩大成为推动我国经济发展的重要力量，甚至在未来成为国民经济的支柱性产业。

2. 形成了相对健全的体育产业体系

体育竞赛表演和健身休闲业逐步发展成"火车头"角色领跑诸产业，体育用品业不再像过去是龙头产业而是回归到本位成为强大的产业支撑。除此之外，体育场馆服务、体育培训与教育、体育中介服务、体育传媒等业态也发展良好并不断融合，诸多产业共同构成一个健康、生命力旺盛的产业生态圈。随着高科技快速发展，体育产业领域还将继续拓展深化，体育产业体系会更为健全完善。如基于云计算、大数据等高新信息技术与体育装备、体育中介、体育赛事等的融合，将会衍生出各种新式的服务、产品等。

3. 体育产业结构不断优化

我国体育产业产值在很长一段时间内主要来自于体育用品制造业，而体育服务业的发展则相对落后，产业结构存在一定失衡现象。然而，随着新世纪以来体育产业化的不断推进，体育服务业产值所占比重已经在不断上升，产业贡献值不断增加。按照体育总局的最新规划，到 2020 年，竞赛表演业、健身休闲业等体育服务业在体育总产值中的占比将进一步上升，其核心地位将有效凸显；在所有制方面，"体育产业呈现出多种经济成分并存，非公有制经济占据主体的格局。"②

---

① 国家体育总局. 体育产业发展"十三五"规划［Z］. 2016.
② 国家体育总局. 体育产业发展"十三五"规划［Z］. 2016.

4. 国家体育产业基地建设的示范和带头作用逐渐凸显

国家体育产业基地“是我国体育产业发展的重要特色和巨大优势，被誉为我国体育产业发展的发动机。”① 从2006年到2011年，国家先后批准了6个国家体育产业基地的建设，到2015年底，国家又批复成立了8个体育产业基地、12个国家体育产业示范基地。《体育产业发展“十三五”规划》提出将在2020年建成50个国家体育产业示范基地。这些基地的建设与发展不仅促进了我国体育市场主体的壮大、产业规模的增加，更促使我国体育产业布局和结构渐趋合理。因为产业基地是以空间布局分布，每一个产业基地都能辐射周边，带动诸多体育产业繁荣发展。

5. 管理体制改革获得突破

一直以来，行政力量过多干预体育市场，阻碍着体育产业化深入发展。尽管经过多次改革，我国体育管理体制从举国体制过渡到双轨制，但是仍未完全实现管办分离、政企分开。2015年3月，国务院办公厅所印发的《中国足球改革发展总体方案》，旨在进一步推进我国足球领域的“政社分开、政企分开、管办分离”的体制改革，这对于加快推进整个体育领域的行业协会和行政机关之间脱钩无疑具有重大的示范效应，若是能取得预期成果并加以有效推广，体育产业发展的管理体制将越发合理。此外，我国体育产业管理体制还开展了一系列的改革措施：实施行政审批制度改革，取消群众性和商业性体育竞赛活动审批；体育赛事管理制度进一步完善，改革了全运会计分政策和比赛成绩的公布方式；大型体育场馆运营管理创新取得了突破；体育市场监管体系初步建立等。

6. 产业政策丰富、层次完善

近几年来，党和政府高度重视体育产业发展，不断给予政策利好。特别是在体育强国建设理念的推动下，我国体育产业迎来了发展的“春天”。2010年国务院办公厅下发《关于加快发展体育产业的指导意见》，此后，

① 荆林波．我国体育产业发展现状－问题与对策建议［J］．南京体育学院学报，2016（6）：42.

关于体育产业发展的各类国家层面政策不断出台，体育产业政策变迁进入“加快发展阶段”[①]。2014 年，国务院印发了《关于加快发展体育产业促进体育消费的若干意见》，这体现出体育产业的发展已经上升到国家战略的高度。《意见》所包含的翔实内容、清晰目标，也让地方政府在落实政策方面更为主动和积极，体育产业发展获得了良好的政策环境。随后，国家层面又陆续出台了一系列相关政策和文件，不断推进体育产业的深入发展，体现在：2015 年国务院发布了《中国足球改革发展总体方案》，2016 年国务院办公厅发布了《关于加快发展健身休闲产业的指导意见》《关于印发全民健身计划（2016—2020 年）的通知》，2016 年国家体育总局发布《体育发展“十三五”规划》等。常言道：“三分政策、七分执行”，可以说在国务院“力挺”之下，全民健身和体育产业迎来了难得的发展机遇。体育产业发展被纳入国家发展战略，国家体育总局力推促进体育消费，带动体育产业转型升级，大力培育体育消费，并会同国家发改委、财政部、文化部、公安部、新闻出版广电总局以及旅游局等部门出台了相关配套政策文件。《体育产业发展“十三五”规划》出台，地方性体育产业发展规划和相关体育产业发展举措陆续跟进，有力地促进了体育产业的发展。

总体来看，我国体育产业发展乘势而上，为国民经济发展和全民健康促进发挥了重要作用。体现在体育产业规模逐步扩大，产业结构明显优化，产业政策取得重大突破，产业各项工作稳步推进，产业总体实力、产业覆盖面、社会参与度、市场认可度又上了一个大台阶，人民群众的体育需求得到一定程度满足。[②]

第三节 我国体育产业发展中存在的问题

我国体育产业经过二十余年的发展，取得了巨大的成就，但较之发达国家的体育产业来说还存在一定的差距。一方面在于发展时间短、经济基

① 陈爱辉．我国体育产业政策变迁的研究［D］．北京：北京体育大学博士学位论文，2015.

② 国家体育总局．体育产业发展“十三五”规划［Z］．2016.

础差等原因，另一方面则是因为体育产业发展体制机制不完善，政府对体育市场不当干预过多，体育市场主体相对单一，产业参与个体受异化侵害等。具体来说，体育产业发展问题主要存在产业市场、产业管理和产业参与三个方面。

一、产业市场问题

1. 法治环境尚不健全

体育产业化发展需要拥有一个良好的法治环境，以限制行政权力的逾越、稳定市场秩序、保障市场主体权益。我国当前体育市场法治建设已经取得不少成绩，如法制体系不断完善、执法力度不断强化、司法适用日益普及等，但为了继续推进体育产业在规模上扩大和功效上的发挥，体育市场的法治环境还需要继续优化。一是在立法方面，我国法律体系中缺少以体育产业命名的完整法律，多是零散立法，并且在许多新兴的体育产业领域存在一定的法律空白现象。二是在执法方面，部分行政机关和行政人员存在执法不严、执法不公的问题，这导致体育市场秩序受到一定的破坏。三是在守法方面，部分市场主体为谋求自身利益最大化而罔顾法律要求，甚至知法犯法。总体而言，我国法治环境尚不足以有效地支撑和引导体育产业的健康发展，为此就必须从体育产业的法律制度、法律实施到法律监督方面进一步加以强化和完善。

2. 市场体系尚不完善

体育市场体系包括体育生产市场，如竞赛表演、体育用品等；体育劳动力市场，如体育中介、体育资本市场等，这些部分应该以市场价值规律为基础来运行，而无须太多的外力干预。为充分发挥体育市场自身的效率和调节功能，我国政府强调要发挥市场在体育资源配置中的决定性作用。为此，就需要建立完善的市场体系，建立全国统一、有效开放、竞争有序的体育市场，充分发挥市场机制的作用。但是，由于我国体育领域直到1993年才开始引入市场机制，并在之后逐渐过渡到双轨制，市场机制的活力并没能完全激发，体育市场体系各要素相互作用不明显且匹配程度不高。体现在：

第一，目前我国体育产生市场产值体量偏小、结构不均衡且关联度低，产品和服务供给相对不足。首先，我国体育产业规模虽然在不断扩大，但当下对整体国民经济的贡献度仍相对偏低，在国内生产总值中的比重还未达到1%。美国体育产业总产值在2009年就占GDP比重的2.86%，巴西在同时期则是2.1%①；2014年，美国的体育产业更是跃升为国家六大产业之一。相较于国外体育产业的经济贡献，我国体育产业还需继续大力发展，深化供给侧改革，提高产品和服务供给水平，努力满足民众不断增长的体育消费需求。其次，体育产业的核心应该是服务业，而非制造业，即体育服务业的产值占体育产业总产值的比重应该更高。我国体育产业的发展过程中，却是长期以体育用品业为核心，2012年其在总产值中的占比依旧高达74.83%，而体育服务业则才占21.01%。② 在产业布局方面，我国体育产业布局也还存在一定的二元结构，即城乡、东西部发展程度差距大。这导致体育基本公共服务无法做到均衡，乡村和中西部的民众体育权益难以得到应有保障。最后，体育产业诸业态之间关联程度不高，融合深度还有待进一步强化。我国体育产业已然形成较为健全的产业生态圈，但是产业内部之间，如体育用品和健身休闲产品等的关联水平却还不够高，以致难以实现关联效应，无法有效推进体育产业整体的协调发展。对此，就需要进一步优化我国体育产业生态圈，继续推动各产业之间的关联，实现进一步的融合互促、共进发展。

第二，体育资本市场不够成熟，尚未形成良好的投资环境和投资模式，风险投资的数量和规模相对不足。党的十八大以来，我国体育事业得到进一步发展，全民健身上升为国家战略，体育改革不断深化，时代的发展，赋予体育更丰富的内涵、更多元的功能。体育产业作为朝阳产业、绿色产业，被视为促进消费结构升级、拉动内需和就业、培育中长期经济增长点的动力源之一。然而，目前我国体育市场主体相对单一，社会资本力

① 易剑东．中国体育产业的现状、机遇与挑战［J］．武汉体育学院学报，2016（7）：6.

② 易剑东．中国体育产业的现状、机遇与挑战［J］．武汉体育学院学报，2016（7）：6.

量的参与积极性尚未有效调动；政府在引导社会资金投入的政策、机制建设还不够成熟。这导致体育产业投资的层次较低、数量较少及相关资源的配置效率不高，尚且无法做到体育市场资本的自觉融入和充分调配。①

第三，体育产业发展中部分区域或机构的行政垄断、行业垄断、地方保护导致了体育市场的不统一、不开放，使体育企业难以实现获得充分的自由竞争。体育市场体系的不完善，自然难以合理、完全地发挥竞争机制、价格机制等对市场效率和资源配置的作用，最终影响体育产业高效、持续和健康的发展。

3. 市场主体尚不成熟

体育市场主体包括投资者、经营者、劳动者、消费者、企业等，体育市场的良好运行的关键就在于市场诸多主体能够各司其职、各尽所能。我国大力推进体育管理体制改革、转变政府职能，就是为了积极培育和壮大市场主体，使之发挥主导效能，推进体育产业的健康发展。成熟的体育市场主体应该具有良好的规则意识和道德意识，彼此之间进行合理、合法的相互竞争。体育市场主体在追求自身利益最大化的同时，必须尊重并维护他者的合法权益，如此才能使市场发展达到帕累托最优的状态，实现各方的良性互动、互利共赢。但是由于受发展时间短、法治不健全、市场僵化管理等因素影响，我国体育市场主体目前发展还不够成熟。

第一，部分体育市场主体的法律意识和道德意识不强，为满足自身利益而违反法律规定、行业规则、伦理规范。如少数运动员为了取得好成绩，服用违规药剂；不良商家为了逐利，不顾消费者安全、违背诚信交易的原则；部分观众因为赛程、赛果不如预期，出现辱骂和打砸球员的现象等。

第二，体育市场主体缺乏独立性和平等地位。目前我国体育产业的部分领域还存在行政干预过度的问题，使市场主体有时会缺乏公平竞争的机会和能力。体育市场诸多主体本应通过平等参与市场并展开自由竞争，但

① 杨铁黎，王子朴，林显鹏，等．体育产业概论［M］．北京：高等教育出版社，2010.5：63－65.

是政府过多地参与和介入，则难免使企业、投资者等受到干预和限制，无法充分发挥和展现自身的主体性。如足协直接参与足球市场运作，行政安排中超赛制，致使足球俱乐部缺乏必要的独立性和决定权。

第三，市场主体不够多元。成熟的体育市场主体必然具有一定的体量和数量，能够独立地进行生产、经营、销售等经济活动。但是，我国不少体育市场主体由于发展时间短、自身力量尚有欠缺，仍需政府的扶持。目前我国体育市场中尚且缺乏具有国际竞争力的龙头企业、没有大批富有活力的中小企业或组织、也未形成特色鲜明的产业群和知名品牌。[①] 这也正是我国政府大力建设国家体育产业示范基地、国家体育产业示范单位、国家体育产业示范项目的目的，即希望借此带动和促进市场主体的不断壮大。

4. 体育产业化的负面影响

体育产业化是对比计划经济时代体育发展方式所提出的一种体育发展方式，是政府作为引导、市场化作为主要手段实现体育的现代化，它最为明显的特征就是服务的有偿化、资金的多元化和经营的商业化。体育产业化是在满足人民群众日益增长的多元化、多样化体育消费需求的时代背景下产生和发展的。

我国体育产业化经过二十余年的发展，有效地壮大了体育市场规模，扩大了产业发展空间，但同时也产生了一些负面影响，主要表现在以下三个方面：

一是体育产业发展水平的非均衡化。现阶段，我国经济发达的东部地区的体育产业比西部经济欠发达地区的体育产业要发达得多，出现东、西部体育产业化发展水平不平衡局面。一定程度上，体育观念制约着体育产业发展，有的地区具备发展体育产业的条件，但是由于缺乏先进的体育产业观念和意识等，造成体育产业发展停滞不前，市场开发不够，落后于经济发达地区。我国体育产业的内部结构呈现非平衡化，主要体现在各运动项目的产业开发和发展不平衡，不同的体育运动项目因其观赏性和技术发

① 国家体育总局．体育产业发展“十三五”规划［Z］．2016.

展水平差异，其经济价值和市场效益也有差别。在我国职业竞技体育市场中，作为三大球的足球、篮球、排球，虽具有广泛的群众基础，但市场开发程度不高，普遍产业市值偏小；而作为我国竞技水平高的项目，如跳水、乒乓球、羽毛球等项目，虽受人们喜爱，但又没有广泛的群众基础，体育市场开发难度较大。体育项目内部结构、群众基础、竞技水平和地域差异，导致了我国体育产业发展的畸形和非均衡性，制约了体育产业市场的健康发展，影响了全国不同地区、不同区域体育产业的均衡发展。

二是评价标准过度市场化。当前，我国社会上出现片面的把市场化看作衡量体育产业化发展水平的唯一评价标准的价值取向，甚至把体育产业化等同于体育市场化。这种观点认为："体育产业化就是将体育产业生存和发展全部由市场需求来决定，盈利成了体育产业的唯一目的，不盈利的体育产业被市场所淘汰。"而实际上，这种过度体育市场化的评价标准是错误的，在发展体育产业的过程中，过度的体育市场化不利于体育产业的均衡健康发展。这种片面的价值取向缘于人们对体育产业概念的界定不清晰。把体育市场化作为体育产业的唯一标准，无限制扩大体育市场化的作用，这在理论上和实践中是行不通的。理论上，体育产业是一种服务消费品，不采取实物的形式，不需要用体育的市场化来衡量。实践中，如果体育产业评价标准过度市场化，体育服务产品中不盈利的部分很难进入市场，依靠财政拨款的体育服务业则更难发展。当然体育产业的发展离不开体育市场，体育市场是体育产业发展的一种方式，还有一些非市场的方式如计划以及体育市场和体育计划相结合的方式。综上所述，过度的体育市场化的衡量标准不利于体育产业的发展，体育市场只是推动体育产业的一种有效的经济运行方式，应该把人的全面发展作为体育产业发展衡量标准，这是对体育本质的遵循。

三是催生体育异化现象。我国体育产业化在推动体育产业发展的同时也催生了竞技体育异化现象。主要表现在三个方面：一是导致人与自身关系的异化。竞技体育原本是追求有质量的生活，追求身体健康，不断挑战人体极限，达到"更快、更高、更强"的目标，为大众体育运动树立学习的榜样，起到示范作用。而今，社会上把这一单纯的关系异化，为了比赛胜利，不惜身体健康，过度训练，无限制地超越极限，导致运动员身体机能失调，引起运动员机体和心理紊乱，甚至导致有些运动员在一些国际赛事中出现猝死、受伤等情况。现代体育竞技比赛竞争十分激烈，不仅是技能的竞争，也是技术的竞争。当运动员技能发挥到极致的情况下，有的团队竟然采用伤害运动员的技术手段，如兴奋剂的使用，这些都是不道德的，严重影响运动员身体健康，破坏体育运动精神。二是导致人与人以及人与社会的关系异化。体育竞技比赛在带给人们感官享受的同时也培养了一群无聊的看客，在他们眼里，运动员就是另类，是茶余饭后的谈资，人与人之间的社会关系为此遭到严重扭曲。为了满足看客的好奇心理，娱乐心理，电视、报纸、网络等媒体把体育赛事当卖点来提高收视率，扭曲了原先提供运动榜样的目的。腐败是人与社会关系异化的又一面，在我国市场经济浪潮中，随着商业的介入，体育行业迅速职业化、商业化，受利益的驱动，在创造着时代文明的同时也将体坛黑幕的负面影响展现在我们面前：假球黑哨、行贿受贿、暴力行为等丑闻充斥体坛，破坏了体育公平公正，人与人之间诚实守信的原则，破坏了体育精神。长此以往，体育腐败这些负能量必将毁掉体育事业，腐化社会风气，助长社会诚信危机。更有甚者，竞技运动还被某些国家主义所利用，沦为政治利用的工具，使单纯的竞技体育赛事变得不单纯。三是导致人与自然关系的异化。体育作为一种人类活动，必然与自然产生关系。体育活动中本应该遵循环保原则，处理好人与自然的关系，而在一些大型的运动会举办过程中出现破坏自然环境的现象，影响了人与自然的和平相处，违背了可持续发展原则。

二、产业管理问题

我国采用社会主义市场经济体制来主导经济建设，政府对经济的管控力度比较强，具体到体育产业领域也是如此。在体育产业的诸多活动中，政府管理活动占据了重要地位。这一方面使体育市场主体可以得到政策、资金等方面的有效支撑与扶持；另一方面，由于部分政府机构的服务定位不清、行政干预过度，也导致目前体育产业管理方面存有不少问题。

1. 管理行为存有不当的现象

伴随体育产业化的不断推进，国家已经意识到我国体育产业管理体制的不合理以及亟须改革的迫切性，而且也为之不断改革，目前正在努力试行的管办分离——体育协会和行政机关脱钩，即是其中的典型。然而，就发展现状而言，我国的体育产业管理体制尚有一定的不适宜之处，具体体现在：一是政府在对体育产业的功能定位中重点偏向其所能带来的国家利益和民族荣誉，集中力量着重发展能为国争光的竞技体育以及奥运优势项目，而对广大民众的体育权益保障方面有所疏忽，以致群众体育的发展缓慢滞后。二是体育产业管理中的过度行政化。一方面，政府职能不清、管理过多，导致体育市场主体缺乏必要自主，导致市场调节的作用难以完全发挥，资源的优化配置难以充分实现。另一方面，体育行政部门权力过大，还导致行政权力在使用上出现了权力寻租、权钱交易等异化问题，使体育领域的腐败现象屡禁不止，影响体育的健康发展、阻碍民众的体育参与热情。

2. 体育法制建设的相对薄弱

改革开放以来，依法治国、依法经营、依法消费等观念已经为全社会普遍接受和认同，我国也明确将依法治国确立为基本国策，并出台各种法律和政策积极推进国家的法治建设。法治建设具体包括法律制度、法律实施和法律监督三个方面：法律制度有行政法律制度、经济法律制度和民事法律制度等；法律实施主要指执法、司法和守法；法律监督则是指由所有的国家机关、社会组织和公民对各种法律活动的合法性进行监察和督促。现阶段，我国体育产业发展中出现的诸多问题其原因之一就在于法治不健全，部分领域无法可依，相关主体执法不严，监督不力等，以致政府权力缺少监督而发生越位、市场主体采用恶意竞争等手段来获取非法利益。

目前，我国体育产业发展过程中存在的法治不健全主要体现为：(1)体育法律制度不完善。法律制度作为法治的基础，是体育市场各类主体有法可依的前提保障。自 1995 年颁布《中华人民共和国体育法》至今，尚未进行过相应的修订，这必然导致无法适用于改革后的体育管理体制、体育市场环境和体育运动项目的市场化运作。“通过修改《体育法》，进一步完善我国体育产业法治体系是促进我国体育产业发展的重要举措，也是我国体育法治建设的重要内容。”[①] 各级地方机构虽然随着时代发展颁发了不少的行政法规，但性质主要是“软法”，且其立法层次较低，执行率相对不足；[②] 而且在内容方面大多过于宏观，偏重程序解释，缺乏必要的和可操作性的法律依据。[③] 法制的不健全导致体育市场的部分经济活动没有明确法律可依，出现体育行政管理上的职能划分不够明确等问题。（2）法律实施不到位。首先，体育行政管理权力过大、管理过细、执法内容不够严谨和过程不够严格，依法行政的要求未能如期达成。其次，体育市场领域虽然引入了司法，但还存在一定的司法界限模糊、适用困难等问题，阻碍了司法功能在体育市场的完整发挥。最后，部分体育行政管理人员守法意识薄弱，甚至知法犯法。（3）法律监督机制不完善。体育行政力量因缺乏监督，出现部分权力的滥用，腐败问题屡禁不止；经济监督机制不完善，体育市场主体行为外在约束不足，出现一定的恶性竞争、不公平交易等现象。

3. 体育资源配置不合理，产业布局有所失衡

受改革开放设定的“先富带后富”的经济发展路线影响，东中西部和城乡区域在经济、政治、文化、人才等层面出现了一定程度的二元结构，这也导致体育产业在区域发展、空间布局呈现两极分化的态势，城乡、东中西部发展存在一定程度的差距。我国东部和大中城市由于经济、政策和教育等优势，往往在体育基础设施建设、大众体育健身休闲市场发展上较为完善，相较之下西部地区和乡村体育设施建设则相对滞后。体育产业布局的区域性失衡，使体育基本公共服务的提供难以实现均衡，导致不同地

① 姜熙．《体育法》修改中增加体育产业章节的研究［J］．北京体育大学学报，2016（4）：20.

② 骆雷．体育强国建设中我国竞赛表演业政策研究［D］．上海：上海体育学院博士学位论文，2013.

③ 秦聪．基于中国国情形势下体育职业化发展及政府职能转变研究［J］．沈阳体育学院学报，2013（4）：11.

区的民众在体育资源的享有、体育权益的保障上出现一定程度的不平等。

4. 宏观调控不足，门类结构安排不当

体育产业发展的合理结构，应以竞赛表演、体育健身休闲等服务业为核心，打造多元化、多样化的体育物品、场地和服务门类，以尽可能满足更多民众的差异化体育需求。然而，由于我国现阶段政府宏观调控不到位，体育市场主体的公益精神不足等原因，体育产业门类结构在丰富度上还存在不足之处。一是体育核心产业发展不足，产业结构不合理。我国体育产业目前仍是以体育用品制造业为主导，体育服务业的发展还有待强化。二是体育服务门类的构建尚不够完善。因地域、地区经济水平差异，不同个体或群体的体育需求也会有所差别，这就要求包括体育用品、运动场馆和体育培训等的提供应该做到尽可能多样和丰富，但我国体育产业门类的实际发展却相对集中，还需进一步加以丰富和完善，以让更多个体能有机会参与到自己喜爱的体育消费和运动中去。

三、产业参与问题

体育职业从业人员如运动员、教练员等，是体育赛场的“主角”，直接呈现着体育竞技的精神风貌；广大体育消费者则成为观赏体育竞技、参与体育物品和体育服务购买的支撑力量，这两者共同成为体育产业的个体参与主体。体育职业人员、消费者与体育产业之间构成一种辨证的互动关系，个体参与热情的大小和道德能否挺立影响着体育竞技和体育经济的发展；体育产业法规、环境等优良与否则又反过来左右个体参与的热情与道德水平。当前，我国体育产业中的职业化市场初具规模，而且发展速度日益加快，体育竞技规范不断强化，人民群众的体育消费热情不断高涨。但因为法治环境、市场发展以及个体道德水平等方面的制约，体育职业人员和消费者在参与过程中也还存在不少问题。

1. 体育职业从业人员存在一定程度的劳动异化倾向

体育竞赛表演业作为体育核心产业，运动员、裁判员、教练员等竞赛直接参与者自然也成为体育产业构成的重要角色。运动员、裁判员等体育职业人员与一般的体育参与者的区别就在于，体育竞赛不仅是参与，也是其工作的内容。这些人员可以借助自身职业去实现物质和精神的双重追求：一方面，通过体育精神来塑造自身的品德、强化自身修养；另一方面，借助自身的竞技能力去获取相应的收入。与此同时，职业人员的高质量、高品质的竞技表演，既为观众奉献赏心悦目的视觉盛宴，展示人体的力量和技巧之美；也能弘扬体育精神，明确社会的规则和提升契约意识；还能斩获优异成绩，为集体、国家争取荣誉。

然而，现阶段体育产业发展过程中，部分运动员、裁判员等由于受到外界权力或资本的压力，不良价值观的影响以及自身意志、情感等方面的限制，形成了金钱至上、胜利至上等错误的价值取向。这导致我国职业体育赛场上不时被曝出运动员、教练员等的违规行为，例如，有部分运动员受金钱的诱惑，不顾职业道德，舍弃民族和国家荣誉，进行消极或虚假比赛等；少数教练为了让队员获取胜利，鼓励或者默认运动员使用各种禁忌药物以短时间内提高成绩；裁判为一己私利或喜好，滥用手中裁决权，以“黑哨”等方式左右比赛结果等问题。

2. 消费者观念存在一定的非理性、不科学现象

广大体育消费者本可以借助体育产业市场的丰富与多样，实现自身的直接运动参与，进而以之强健身体，净化灵魂、增进交往等，最终推进个体生命更为自由和全面的发展。然而，现实中，部分体育消费者与体育职业人员受外在环境和自身意志不坚定等的影响，不能正确、全面认识体育消费的价值，而是被享乐主义和消费主义等不良思潮侵蚀，产生盲目消费、为了消费而消费等不理性的消费观。这导致消费活动和消费品不再是为人的善化而服务，反之人的主体性就会被异化消费蚕食，以致时常陷入虚无主义和商品拜物教之中。此外，少数体育消费者还因为对体育精神理解不透彻，对体育表演作用认知有偏差，将参与体育消费定位为肤浅的娱乐和非理性的胜败等，而难以通过体育消费促进身心和谐。体育消费过程所存在的这些问题，使消费主体往往不能从消费活动和产品中获得实质的正能量，无法发挥体育消费应有的丰富精神世界，促进身心健康发展的应

有效能。

综上所述，我国体育产业发展水平不断提升，至今已取得较为丰硕的发展成果。但目前我国体育产业总体发展水平还不高，体育市场、管理和参与等方面还存在诸多问题，不仅体现在体育产业发展水平还不高，产业结构不合理；市场主体活力和创造力不强，产品有效供给不足，体育产业供给侧结构性改革亟待推进；公民体育健身意识不强，大众体育消费激发不够；市场在体育资源配置中的决定性作用尚未充分发挥；政策体系还不完善，体育产业公共服务水平有待加强等经济层面，[①] 而且还体现在体育产业发展价值导向出现偏差，产业管理出现"越位"，个体参与行为不够规范等伦理层面。因此，只有妥善解决上述问题，才能推进我国体育产业在生产和管理效率上的不断提升，有效丰富体育市场产品和服务，满足人民群众日益增长的体育需求，早日实现"健康中国"的宏伟目标。

① 国家体育总局．体育产业发展"十三五"规划［Z］．2016.

第二章

我国体育产业发展问题的伦理透视

我国体育产业发展意欲借自由市场之力来提升发展效率，这一发展思路的确在近二十余年的发展中，有力地推进了群众体育的普及和竞技体育水平的提升，为我国体育大国地位的确立奠定了坚实基础。然而，借自由市场的手段来发展体育却也存在以下两方面的隐患：一是体育市场经济通过经济规律的运行虽能调节资本的自由组合，但若是缺乏必要的制度和伦理支撑，就难以保证资本不被利益所侵蚀，以致陷入对经济理性和工具理性的盲目追求中，忽略道义价值对市场的指导功效，最终引发体育市场内部的效率与公平相背离。二是即便体育市场本身能实现公正，那它所提供的也只是一种基于产权和交易的“自由秩序”（哈耶克语）。换言之，体育市场所能实现的只是局限在市场内部的自由和公正，却并未能提供一种普遍的社会公正。为此，就需要体育产业管理者以必要的产业制度和行政手段来平衡体育市场所带来的利益和资源分配不均的问题，以保障社会之正义秩序。分析我国体育产业发展现状，体育产业资源分配失衡以及产业结构不合理等，无不说明正义分配在一定程度上缺失。因为体育市场制度的缺失、不健全或不合理，就会使体育产业的两大支柱产业（竞赛表演业、健身休闲业）遭到异化的侵害。自由体育市场控制下的竞赛表演从业者即运动员、裁判员等，本身即成为“劳动力商品”，其竞赛参与成果则属于“劳动产品”。这些竞技体育从业者为了获取或维系自身的市场价值或地位，就需要通过产出并出卖自身的运动成果（裁决、胜利），由于劳动产品的外化和异化，就会出现运动员为了胜利不择手段、裁判员为了一己私利罔顾公正的问题。体育产业借助市场资本力量，利用各种科学技术生产出一系列丰富多能的体育商品，让消费者获得更多的选择，但部分体育消费者在享用各类产品时，却往往忽视了商品和科技背后的价值符号导向，与消费的最终目的背道而驰，身心沉迷于现实的体育消费与享乐之中，缺乏反省、批判意识，停止对人生自由、美好理想的追求。

第一节　效率与公平的背离

我国体育产业发展旨在以市场的力量来发展体育，从而缓解政府财政压力，提高民间资本的生产和使用效率，促进体育市场、竞技体育、旅游等行业的繁荣发展，为经济社会发展提供新动能。然而，由于我国体育产业起步晚，发展历程短，受到体育市场调控机制不完善、市场法律法规不健全等因素影响，体育市场制度和产业伦理建构尚不完善，导致在提升体育产业发展效率过程中，出现体育市场内部不公平的竞争和不正当交易的现象，致使效率与公平出现了一定程度的背离。为此，本书将借助亚当·斯密以及马克思·韦伯对资本主义市场形成和运作的相关经济学和伦理学理论，对我国体育产业发展问题进行阐释，通过对“同情”与“经济理性”“工具理性”与“价值理性”等范畴及其相互关系的解释，以期在确立体育市场在体育资源配置起决定性作用的基础上，明晰体育市场效率与公平相背离的现实逻辑，并借由斯密和韦伯对资本兴起和运作的相关理论，审视目前我国体育市场存在的问题，分析体育市场中出现的无序、恶性竞争现象，剖析上述现象背后的惟功利化、工具化价值取向。

一、效率与不公：市场运作的一体两面

市场经济是以资本运作为核心，借助分工和技术的专业化，吸纳劳动力、原材料等各种资源来发展生产。相较于个体自给自足和国家集中配置的生产模式，自由市场依靠着“经济人”和“经济理性”追求资本的自然

本能以及分工和技术的专业化，极大地推动了社会的物质生产，提高了生产效率，这无疑是对全体社会人的“最大慈善”。为此，就必须确立并不断稳固体育市场在体育产业发展过程中的支撑性地位，以最大限度地发挥体育产业的经济和社会效能。但“经济理性”若缺乏必要的制度和伦理引导，则又难免造成对资本的盲目崇拜，以致体育市场主体只关注最终的盈利目标，而失去对竞争手段合法性的必要尊重，不顾市场竞争和交易的公平规则，从而导致市场内部效率与公平之间的失衡，使市场秩序陷入“拜资本教”的恶性循环之中。

英国古典经济学的开创者亚当·斯密在1759年发表的《道德情操论》一书中指出，人性中天然具有“同情”与“自私”两大特性。“无论人们认为某人怎样自私，这个人的天赋中总是明显地存在着这样一些本性，这些本性使他关心别人的命运，把别人的幸福看成是自己的事情，虽然他除了看到别人幸福而感到高兴以外，一无所得。这种本性就是怜悯或同情，就是当我们看到或逼真地想象到他人的不幸遭遇时所产生的情感。”[①] 所谓“同情”指的是人人都具有的对他人幸福与否的某种同感、通感能力，即当他人感到幸福时，自身能在一定程度上与之同乐；在他人感到苦痛时，自身同样会在一定程度觉得悲伤。虽然，这种“同情心”在不同生命体身上会有强弱之别，如情感体验敏锐者比情感体验迟钝者、正常人比自闭症群体在“同情”心理的呈现和表达上更为丰富。但是，只要具备基本情感体验和表达的生命体都会具备对他人经验的“同情”，并由此延伸出一定程度的爱心或帮助行为。日常生活中，人们对街边可怜的行乞者产生内心的怜悯，直接给予一定金钱帮助，又或对社会所发生的各类天灾人祸捐款、捐物等，都是人性中“同情心”的表现。正是人人所内在具有的“同情心”，使人与人之间得以在有意或无意间建立其某种关系网络，甚至成为维系社会秩序的必要伦理规范。

然而，凭借“同情”建构起来的关系网络在范围和效能上却是相对有

① ［英］亚当·斯密．道德情操论［M］．蒋自强，钦北愚，等，译．北京：商务印书馆，1997：5.

限的，因为人的同情心，是随着人与人之间距离的拉远而急速下降的。这一趋向在我们的日常生活确实普遍存在，如人对自己的父母总是比对其他人亲近些，人对人的恻隐又往往高于对动物的同情，依此类推，人对植物、对大气等的关心程度则又更为疏远，儒家所尊奉的“差等之爱”其实也正是对人性这一趋向把握的结果。斯密为此还举例，即便是一位再温文尔雅的绅士在听到异国他乡发生灾难的时候，也只会表现出片刻的感慨与哀悼，此后便迅速回归到自身的日常生活或工作中去，又或在茶余饭后以此作为谈资与朋友们加以探讨。当前，随着世界范围内海量讯息传播速度的加快，上述类似过程已被人们反复体验。这也就意味着，若是企图依靠“同情”与“爱心”来加以建构社会和约束行为规范，不仅是远远不够，而且可能是违背人性取向的。那么如何建构起陌生人之间的关系连接，并建构彼此之间更为稳定的协助关系，以推动社会整体的发展呢？这就触及人性的另一面向——“自私”，以及由此演变出来日趋扩大的市场交易活动。

1776 年，斯密通过对英国早年商业贸易和资本累积过程的研究，写成《国民财富的性质和原因的研究》一书，指出现代社会及现代经济结构形成的关键在于人性中“自私”，即“经济理性”本能以及由此构建出来的“看不见的手”——市场。斯密指出，既然人与事物之间的距离决定了人对事物的兴趣和关心程度，即离人越近的事物越能引发人的兴趣和关心。而离人最亲近的无疑就是自身，因此每个人都觉得自我最重要，首要关心的对象也是自我。换言之，人是自爱、利己的动物：“像斯多噶学派的学者常说的那样，每个人首先和主要关心的是他自己。无论在哪一方面，每个人当然比他人更适宜和更能关心自己。每个人对自己快乐和痛苦的感受比对他人快乐和痛苦的感受更为灵敏。”① 而且，一个如果连自爱、自尊都不懂的人，那自然也无法为他人所尊重和接纳。对于由自私之心所主导的个体来说，必然会在观念和行为上首先着眼于改善自身的生存条件，且这

① ［英］亚当·斯密．道德情操论［M］．蒋自强，钦北愚，等，译．北京：商务印书馆，1997：282.

种愿望是永远不会满足的："改善我们条件的愿望，虽然一般来说是冷静的和沉着的，是一种与生俱来的愿望，而且一直到死都没放弃过这种愿望。我们一生，对于自己的地位，几乎没有一个人会有一刻觉得满意，不求进步，不想改善。"① 这也就意味着，人们会为了自身私利的扩大，不断地去寻求新的、最为适宜的实现路径，以增加自身的财富累积。

斯密认为，正是基于人的利己本性以及对舒适生活的无止境追求，才促成了现代经济分工的细化和总量的增长。以个体之有限精力，无法高效地生产生活所需的各种物品，因此为了更好地满足自身需求，就必须进行交换以尽可能享受更舒适的生活。这种互通有无的物物交换或互相交易倾向之所以能在大范围内发生，其根本原因就在于利己心的觉醒，即人意识到交换为自身带来的便利："我们每天所需的食物和饮料，不是出自屠户、酿酒家和烙面师的恩惠，而是出于他们自利的打算。我们不说唤起他们利他心的话，而说唤起他们利己心的话。我们不说自己有需要，而说对他们有利。"②

社会总财富的增长同样根源于人的利己本性，当个体为了更有效地追求自身经济利益时，必然需要权衡投资的对象，依照"损有余而补不足"的原则加以运作，其客观结果便促进了社会整体利益的实现。"每个人都在不断地努力以便为自己所能支配的资本找到最有利的用途。固然，他所考虑的不是社会的利益，而是他自身的利益，但他对自身利益的研究自然会或者说必然会引导他选定最有利于社会的用途。"③ 因此，斯密认为个体虽然在主观上寻求一己私利，但经由市场这只"看不见的手"的支配，却在客观效果上实现了社会的发展，"他通常既不打算促进公共的利益，也不知道他自己是在什么程度上促进那种利益……他所盘算的也只是他自己的利益。在这种场合，像在其他许多场合一样，他受着一只看不见的手的

---

① ［英］亚当·斯密．国民财富的性质和原因的研究（上卷）［M］．郭大力，王亚南，译．北京：商务印书馆，1972：10.

② ［英］亚当·斯密．国民财富的性质和原因的研究（上卷）［M］．郭大力，王亚南，译．北京：商务印书馆，1972：14.

③ ［英］亚当·斯密．国民财富的性质和原因的研究（下卷）［M］．郭大力，王亚南，译．北京：商务印书馆，1972：25.

指导，去尽力达到一个并非他本意想要达到的目的。”①

综上所述，斯密围绕“同情”的局限性以及“经济理性”的设定，不仅解释了个体对资本的运作动机和规律，而且借助市场这一“看不见的手”的桥梁进一步诠释了社会分工和发展的根由。如此，个体利益和社会发展之间，甚至于贫富之间的差距都获得了某种微妙的平衡。因为，富人们虽然主观上自私，但却必须在客观上雇佣穷人，并与之分享自身所做的一切改良成果，“一只看不见的手引导他们对生活必需品做出几乎同土地在平均分配给全体居民的情况下所能做出的一样的分配，从而不知不觉地增进了社会利益，并为不断增多的人口提供生活资料。”② 换句话说，“经济理性”和“看不见的手”的相互合力，不仅提升了市场和社会的效率，同时也实现了市场秩序和公正。

不可否认，斯密对“经济理性”“看不见的手”的设定是符合历史事实的，是“经济学方法论的一种进步”，没有它便不可能产生斯密庞大而严密的古典政治经济学体系。③ 这一设定对于分析我国体育产业发展问题来说，无疑能够提供诸多的启迪与补益。然而斯密认为：自由市场无须外力便能自觉平衡自私与同情、效率与公正的关系，却又被历史反复证明是错误的。究其缘由，斯密微观经济分析是建立在完全性市场的基础上的，然而现实却不存在市场运作的理想状态，生产、流通和分配之间的链条时常是间断的，市场内部的秩序和公正往往被私利的追求和财富的分化所侵蚀。

如果说亚当·斯密主要是从经济学的视角，剖析了资本社会的存在价值和运作规律，马克思·韦伯则偏向以社会内在伦理的转型来阐释现代社会及其经济结构的形成。韦伯在《新教伦理与资本主义精神》一书中指出，宗教改革所带来的伦理价值观念嬗变是促成现代经济和社会的公共结

---

① ［英］亚当·斯密．国民财富的性质和原因的研究（下卷）［M］．郭大力，王亚南，译．北京：商务印书馆，1972：27.

② ［英］亚当·斯密．道德情操论［M］．蒋自强，钦北愚，等，译．北京：商务印书馆，1997：230.

③ 邹柏松．亚当·斯密经济思想研究［M］．广州：广东高等教育出版社，1992：229.

构的“精神特质”。传统天主教所信奉的禁欲主义，在人与上帝、此岸与彼岸之间划下鸿沟，人生一世只有在心灵和教堂里多对上帝虔诚祈祷才是真正的信仰，这不仅从理念上贬低了此岸生活的价值，也从行动上消解了人在现实奋斗中的价值冲突。宗教改革则塑造了新型宗教模式，新教（以加尔文教、虔信派、卫理公会等为代表）的核心理念认为人在俗世的生活与工作乃是上帝所安排的“天职”，它赋予世俗生活以积极的、甚至独立的意义，入世成为奉养上帝的必要路径。新教通过树立“末世选民”的思想，一方面让教徒从内心生出对未来强烈的焦虑和紧张，另一方面也促成其努力正视和完善现实的工作，以尽可能通过自身在世俗职业上的成就来获得上帝的认可与恩宠，最终在末世成为上帝的选民，洗脱原罪而回归伊甸园。如此一来，宗教的“禁欲主义”不再是一种消极的避世取向，反倒成为现实资本累积的重要动力，即人们在世俗所获得的经济成就不是为了一己的享受和挥霍，而是要节俭和累积下来以奉养上帝。

新教所确立的这一系列新型伦理价值取向，在韦伯看来，正是与资本主义发展所需的经济伦理和工作伦理相匹配。如果说“天职”一说肯定了世俗工作的重要性，那“末世选民”则让新教徒产生了勤勉、致富的人生定位，为了实现这一定位则必然衍生出现代社会的职业化、专业化及技术化的发展模式，而“禁欲主义”则恰好让财富和资本得以累积和增长，而非用于消费或置业。因此，韦伯将“新教伦理”视为“资本主义精神”的原生地，视为现代经济社会形成和运作的内在伦理机制。“勤勉的美德之于自由竞争中的劳动效率，节俭和致富的美德之于资本积累，工作伦理之于现代经济社会活动的职业化、专门化和技术化的新型工作方式和职业道德精神等，都折射出现代经济社会在市场经济体制的主导下不断公共化、制度化的新特点和新趋势。”① 它们不仅内在地驱动了诸如“行会”一类的社会组织朝着现代社会的公共化方向演变扩张，而且在根本上促成了现代社会公共伦理精神的生长。②

---

① ［德］马克斯·韦伯．新教伦理与资本主义精神［M］．北京：北京大学出版社，2012：127－139.

② 万俊人．论正义之为社会制度的第一美德［J］．哲学研究，2009（2）：89.

在随后的研究中，韦伯进一步用“合理性”的概念来诠释现代经济和社会的世俗化、制度化发展趋向。韦伯认为：“如同任何行为一样，社会行为也可以由下列情况来决定：一是目的合乎理性的，即通过对外界事物的情况和其他人的举止的期待，并利用这种期待作为‘条件’或者作为‘手段’，以期实现自己合乎理性所争取和考虑的作为成果的目的；二是价值合乎理性的，即通过有意识地对一个特定的举止——伦理的、美学的、宗教的或作任何其他阐释的——无条件的固有价值的纯粹信仰，不管是否取得成就；三是情绪的，尤其是感情的，即由现时的情绪或感情状况；四是传统的，由约定俗成的习惯。”① 在这四类社会行为中，前两种是合理性的，即可衡量、可持续的社会行动；后两种则是非理性的，即偶然的或者未经必要反省的行为模式。

韦伯指出，现代社会的形成和运行主要是依赖于“目的”和“价值”这两类合理性的社会行为。其中，“目的合理性”又包含两个层面：一是合理的确立行为目标，即选择合理性；二是有效地选择达成目的的手段和工具，即工具合理性。这两个层面的内容相互关联，目的的选择需要考虑到可利用的手段，工具的选择则需要依靠其实现目标的有效性。总体而言，“目的合理性”指向的主要是结果的至上性以及实现结果的工具的有效性，而并不注重目的和工具本身是否符合德性要求。与“工具”相反，“价值”作为判定物与人的需要之间的一种满足关系，可在外延上扩展成“意义”，从而构成人的内在需求和内在特质的表述。“价值合理性”强调行为本身的意义至上性，而忽略结果的成败和工具的效能：“谁要是无视可以预见的后果，他的行为服从于他对义务、尊严、美、宗教训示、孝顺，或者某一件‘事’的重要性的信念，不管什么形式的，他坚信必须这样做，这就是纯粹的价值合乎理性的行为。价值合乎理性的行为（在我们的术语的意义上），总是一种根据行为者认为是向自己提出的‘戒律’或

① ［德］马克斯·韦伯．经济与社会（上卷）［M］．林荣远，译．北京：商务印书馆，1997：56.

‘要求’而发生的行为。”①

随着资本主义经济和社会的发展，“目的合理性”尤其是其中包含的“工具合理性”与“价值合理性”之间的地位也不断变化。在资本主义萌芽阶段，新教伦理作为核心驱动，代表着“价值理性”的主导作用，即以侍奉上帝、成为末世选民的人生信仰，以勤勉、节约为道德信条，而甘愿舍弃眼前利益，克服私欲、功名等个体追求。待到资本主义经济和社会结构日趋成熟时，宗教及其伦理逐渐退居幕后，世俗的功利和欲望成为衡量行为是否合理的标准，目的合理性开始占据主导。目的——工具理性的日益兴盛，使得行为的是非对错主要由现实和实用来判定，生命的道德和情感因此遭到压制，人和社会的理想性、超越性追求不复存在。如此，个体和社会都以追求效率和实用为目标，一切人和物都被置于效用的天平上加以衡量，友爱、公平等价值则被视作无用之物。

二、无序发展与恶性竞争：市场经营的趋功利化和工具化

斯密和韦伯的分析虽然是针对早期资本主义社会的市场问题，但他们对市场和资本运作模式的理论建构至今仍有其合理和可借鉴之处。一方面，鉴于“同情”在“熟人社会”运作的局限性，以及“经济理性”在推进“生人社会”的生产与组织中的巨大效能，为我国体育产业走商业化、市场化发展道路提供了理论前提。现阶段我国国情决定，体育市场化能扩大体育产品和服务的供给，一定程度上满足人民群众日益增长的体育物质和文化需求，缓解人民群众日益增长的多元化、多层次体育需求与体育有效供给依然不足之间的矛盾。另一方面，体育市场的效能虽然是巨大的，但要完全将之释放出来，则又必然依赖于“经济理性”的规范发挥和市场秩序的正常建构。这并不是说要抹杀或遏制体育市场主体的“自私”，让“同情”等道德规范来支撑市场运作，而是要将让自私与公平、目的（手段）与价值实现兼容，避免将追求金钱或舒适的一己之私凌驾于公平

---

① ［德］马克斯·韦伯．经济与社会（上卷）［M］．林荣远，译．北京：商务印书馆，1997：57.

交易之上，避免只重手段、只顾效率而忽视伦理价值的片面追求。

然而，我国在由计划经济向市场经济转型的过程中，在面临各种错综复杂的问题和市场多元主体利益诉求的同时，社会经济的发展也对市场经济提出了更高的要求。在此背景下，体育市场受发展理念陈旧、政府干预过多、市场恶性竞争等不利因素的影响，市场秩序不但未有效建构反而遭到扰乱，从而导致“经济理性”和“工具理性”的盛行，体育市场主体一味朝“钱”看，“关爱”和“友善”等精神层面的价值追求成为“有用”的附属，体育市场自由、公平的竞争和交易秩序遭到破坏。具体而言，我国体育市场中的唯功利化和工具化倾向，集中表现在两个方面：一是体育市场主体为追求自身利润的最大化，罔顾产品质量和交易公平，通过侵害消费者的权益来满足自身私欲；二是体育市场经营主体之间为了抢占市场份额，彼此之间进行恶性竞争，这些行为给体育产业健康可持续发展带来负面影响。

首先，就体育商品和服务的生产及交换过程中所存在的唯功利取向来看，价值规律作为商品经济的基本规律，它要求商品的价值量由社会必要劳动时间来决定，商品交换则应以价值为基础，实行等价交换。体育产业中的生产和交换，同样需要遵循价值规律，如此才能实现体育市场的自由竞争和维护良好的发展秩序。然而，在体育产业发展过程中却有不法商家为了一己私利，罔顾体育产品和服务的安全，在具体的生产或维护过程中偷工减料，最终导致运动员和消费者的身心受损。以体育场馆建设为例，2011 年，温州任岩松中学迁建工程中，一处体育馆设施在施工过程中发生数百平方米的塌方，所幸坍塌速度较慢，并未造成人员伤亡。无独有偶，2014 年 12 月 29 日，清华大学附属中学一处施工的体育馆及宿舍楼工地发生坍塌事故，造成 10 人死亡、4 人受伤。根据北京市安监局发布的“12 · 29”重大生产安全事故调查报告，事故直接原因之一即是未按施工要求制作和布置马凳，以致马凳与钢筋未形成完整的结构体系。

除上述体育场馆建设过程中出现安全事故外，学校的相关体育设施也存在不同程度的安全隐患。自 2015 年起，全国各地的校园不断曝出“毒跑道”事件，范围从内蒙古到深圳，从新疆到东北，几乎涉及全国大多数的省市。据报道，“毒跑道”是由工业废料做成，造成严重环境污染，而且“毒跑道”在校园火热铺设，全程无监管。因为持续时间长、涉及地域广和造成危害大，“毒跑道”事件成为我国2016年度十大儿童权利事件之一。“据深圳市计量质量检测研究院和广东省标准化研究院于2015年12月提交的《聚氨酯塑胶场地挥发性有害物风险监测分析报告》摘要中显示，他们在省内进行的抽样调查中，总体存在不合理风险的聚氨酯塑胶场地比例高达25%。”① 这些“毒跑道”一旦投入使用，其化学气味和毒性自然会侵害学生身体，致使其出现流鼻血、嗓子疼、咳嗽、皮肤过敏、眼睛红肿等不良反应。如今，“毒跑道”事件已引起全社会的极大关注，各级政府已详细核实，并依法依规进行查处。然而，对于那些相对隐秘又或尚未引起集体舆情关注的体育设施安全隐患，如各级校园、社区或公园中的新旧体育设施的更新换代、体育设施的定期安全维护等问题，短期内却很难得到解决。

不仅如此，部分大型的竞技体育场馆往往也面临着建设和维护难题。以中超联赛使用场地的草皮安全为例，近些年的赛事直播画面出现不少俱乐部的比赛场地都未能按安全标准和比赛要求铺设草皮，要么是斑秃的菜地，要么如“沙漠”一般不见草，更有甚者的是有的俱乐部为了画面的美观，在草地上涂上绿漆，然而此伎俩却常因球员倒地后球衣染色而暴露无遗。在这样的球场比赛，球员身体受伤害的风险将大大提高，不仅影响到球员正常技术的发挥，而且也降低了观众对比赛的观感享受。原定于2016年7月25日晚进行的“国际冠军杯中国赛——北京站”是由英超的曼联和曼城进行较量，然而这一比赛最终取消，官方理由称是因天气降雨而取消。但广大球迷对此解释却并不买账，因为当日下午北京便已放晴，他（她）们从双方主教练的言论和记者的报道中发现，之所以取消更可能是因为鸟巢商业化开发过度，草皮质量不过关，成了名副其实的“菜地”，俱乐部和教练为了保证球员的安全才取消该项赛事。

---

① 五问“毒跑道”事件［EB/OL］．［2016-06-14］．http：//news. xinhuanet. com/mrdx/c_1354347.

我国体育市场中的唯功利化取向，还表现在体育商品交易的环节。依照价值规律，商品交换必须遵循等价原则。市场化发展追求的是帕累托效率，即在不损害任何人的利益前提下，使某些人利益获得增加。为此，就必须遵循诚信原则来进行交易，让商家获取合理利润的同时，也让消费者的购买物有所值，实现买卖双方的互惠互利。然而，现实中的体育市场交易却存在不法商家违背诚信，出售与价格不相符合的体育商品或服务。如体育竞赛表演市场中俱乐部组织虚假比赛，表演与票面名目不符的节目，损害观众的切身利益，影响观众的观赛体验。我国休闲健身市场中部分商家短时间内不断调高健身项目的消费价格，甚至在不对那些已办卡、充值的消费者加以说明和赔偿的前提下，便将门店关张，不再经营。体育商品零售店中，不少商品被摆上货架后因长时间无人购买而质量受损，商家也不对之进行有效处理；或对其进行虚高标价，或根据不同购买对象，将同一物品卖出高低不等的价格，使童叟无欺成为口号。

其次，我国体育市场的唯功利取向还表现为经营主体之间的不公平交易和恶性竞争。体育市场中违背公平、诚信原则的交易现象，不只存在于商家与消费者之间，也存在市场主体（俱乐部、组织、商家等）之间。诚信和公平本是体育市场主体之间合作的“黏合剂”，如果诚信体系无法建立或不健全，体育市场主体间的深入合作便不复可能，以致整个体育市场难以产生聚合效应，形成有机统一的产业群，最终导致体育产业出现空心化发展趋向。

部分体育市场主体为了让自身占取更多市场份额，最大化地获取利润，出现“不顾同行”和“价值理性”的恶性竞争行为。一方面，某些体育企业或职业体育俱乐部为了在行业竞争中取得优势，甚至是垄断地位，违背市场规律，破坏市场秩序，通过疯狂砸钱的竞争方式肆意抬高市场价格，排挤其他主体的正当盈利。以中超联赛为例，广州恒大（淘宝）足球俱乐部以财力优势换竞争优势，并由此点燃中超联赛的“烧钱”运营模式。“2011 年，恒大投入约 5 亿元，而绝大多数俱乐部投入额都不足 1 亿元。前几年，鲁能、亚泰和国安夺冠时，俱乐部一个赛季投入基本在 8000

万到1亿元之间，中小型中超俱乐部一年的运营成本是4000万以上。”①到了2013年，恒大投资总额达到了20亿元，完全压制了其他俱乐部在联赛中的资金投入，造成部分俱乐部成绩排名下滑。恒大俱乐部的砸钱行为，迫使其他俱乐部不得不紧跟其后加大投入，从而使俱乐部之间陷入了金钱斗争的恶性循环之中，最后导致外援的价格火箭式攀升、球员价格激增、国外教练比例急速增长，俱乐部运营成本大大增加，投入与收益比全面失衡，导致部分俱乐部老板想要退出或俱乐部降级的惨烈现状。“‘恒大模式’的主要弊端为：俱乐部过度投资的个体行为，加剧了联赛整体竞争的不平衡和联赛成本膨胀。”② 以致如今的中超联赛形成一种“不烧钱不得势，烧了钱也未必有成果”的窘境，联赛的冠军归属被少数几只投入巨大的俱乐部锁定，其中恒大更是在中超联赛实现六连冠，并在我国“足协超级杯”“冠军杯”和亚冠赛场上屡屡夺冠。相比之下，那些因资金投入不足，以致无法引进国外顶级球星、教练的足球俱乐部，则早早陷入降级的绝境。因此，中超联赛的知名度虽有大幅提升，但联赛的质量，尤其是国内球员的梯队发展和球技培养、本土教练的指导水平却并未随之得到提升。

我国体育产业的恶性竞争除了表现为“烧钱”的高价竞争模式，还体现在“以劣币驱逐良币”的低价竞争方面。部分体育市场主体为了迅速占领市场，恶意压低生产和服务成本，以低价竞争的方式将那些合规的经营方排挤出去。前文所述的“毒跑道”事件，其生产商便大多是一些无资质、无技术、无管理和无质量保障的“小型作坊”，它们利用不卫生废料结合各种廉价的添加剂来制作成品，从而获得自身的价格优势，在短期内大规模占领市场份额。环保卫生、性能良好的塑胶跑道价格在280元/m^2以上，但实际招标价格往往却少于150/m^2元，“不良”企业中标后又转包给大型企业，而大型企业为了获利，自然会通过采用废料、添加劣等制剂或偷工减料等违规方式来提高利润。上述低价模式的恶性竞争，导致国内

① 陈汉辞．恒大5亿“搅局”中超［N］．第一财经日报，2011.2.16：001.

② 李伟，等．对中国足球职业联赛竞争平衡机制的思考［J］．体育学刊，2015（1）：24－25.

许多优秀的跑道生产厂家无法接到合适的项目，实现合理的盈利，最终只能宣布倒闭。

第二节　正义分配的缺失

社会分工的专业化和资本运作的自由化可以促进人类的物质生产，提升生活质量，这一效能已被历史反复证明。效率的实现必须建立在市场的完全性展开，即建立在资本运作的自由空间、市场交易的公平秩序得以确保的基础上。否则，所谓的效率和利益必然成为极少部分个体或人群的特权，而无法带来社会整体发展水平的提升。然而，即便市场得以充分自由且有序地运行，其结果也只是实现了市场内部的“自由秩序”，却无法保证市场内部资源分配的平等，更谈不上实现社会的普遍的正义。如果市场和社会范围内的正义分配得不到落实，资源、财富的两极分化就会日趋严重，则又必然反过来影响效率的发挥和社会的稳定。正是在此背景下，罗尔斯提出正义理论和正义原则，以期利用合乎平等、自由的社会制度来捍卫政治和社会的稳定。下文将以罗尔斯的正义论为理论基点，审视我国体育产业发展中存在的悖逆正义分配的两类现象，以期从反向视角挖掘出我国政府在对体育产业发展政策的制定、管理制度的设置上应避免的误区。

一、正义：制度美德

人类社会诞生之初，便开启了对正义的不懈追寻，甚至可以说，整个人类文明的发展史其实就是一部正义的探求史。历史上无数的哲人、学者都曾对正义进行过阐释和建构，孔子的“君君，臣臣，父父，子子”，老子的“道法自然”，柏拉图的理想国、个体正义灵肉关系，亚里士多德对于正义的多重分类……但今日学界探究正义理论则又必然以罗尔斯的相关理论为参照尺度，或奉为典范，或加以修正，终究不能对之置若罔闻。

罗尔斯在《正义论》的开篇便明言正义指出社会制度之首要、核心价值：“正义是社会制度的首要价值，像真理是思想体系的首要价值一样。

一种理论，无论多么精致和简洁，只要它不真实，就必须加以拒绝或修正；同样，某些法律和制度，无论多么有效率和有条理，只要它们不正义，就必须加以改造或废除……作为人类活动的首要价值，真理和正义是决不妥协的。”①

正义何以能被置于“行之有效”“治之有序”之前，成为衡量它们的尺度，被奉为“社会制度的第一美德”呢？想要解答这一问题，首先需要从人类结成社会的目的这一大背景来分析。无论是社会契约论学者还是马克思主义学者，在对社会缘起之目的进行解释时都持有相同的论断，即个体之所以摒弃原始状态而结成群体性的社会和国家生活，无非出于两大理由：一是安宁，二是福利。“前者的价值指向是社会生活的秩序及其稳定和谐，后者的价值指向则是社会生活的善或幸福；前者需要给予社会或国家以政治的合法性证明，并获得社会普遍道义论的正当性论证和支持，后者则需要给予社会或国家政治行为的合理性证明和社会价值学或道德目的论的有效性支持。”② 简言之，人类组建并维护社会的生存方式的两大根本目标即在于：正义的社会秩序与不断增长的社会生产。这两者的关系本是相辅相成的，若要构建社会生活秩序，实现社会和谐发展，自然离不开正义制度支撑；要实现社会福利和提升公民的幸福指数，则必须借助社会高效的生产方式。反之，没有正义秩序的社会生产必然难以持续发展，而缺乏生产效率的社会秩序也终将被历史所淘汰。然而，在现实社会中，面对日益安全的生活环境，人们往往容易忽略正义的重要性，一心只顾追求生产效率，以求获取更多的资源。

在人类对资源的不断获取中，市场经济又成为其中的典范，它不仅为市场内的物质生产，而且为社会总财富的增加提供动力。但是，无论是市场内部还是社会整体财富的高效增长都只是满足了效率的价值取向，却并未就此消除个体之友爱和谐、社会之公平正义所面临的困境，甚至在一定程度上还将这些问题所产生的负面影响扩大。一方面，因为家庭以及社会

---

① ［美］约翰·罗尔斯．正义论［M］．何怀宏，等，译．北京：中国社会科学出版社，2009：1—2.

② 万俊仁．论正义之为社会制度的第一美德［J］．哲学研究，2009（2）：86.

个体的资本运作能力（阿玛蒂亚·森语），受自然偶发因素（如地震、水灾）的影响而产生差异，不仅造成个体面临进入市场机会的程序不合理等，而且更难逃在市场资源分配上的实质不平等。另一方面，社会整体财富的增长并不代表个体生活质量的提升，更不代表个体间能公平地分享社会发展成果。因为社会财富的累积并不是全部归属于个体，以税收为主体的政府财政收入往往抽取了总财富的大部分。政府如何支配这些财富，是“藏富于民”还是“藏富于国”？如果是前者，那是通过何种模式来实现，是尽力鼓励部分人群在资源上的“滚雪球效应”，还是尽可能平等地推及至社会公共设施、医疗、养老等领域？对这些问题的不同应对同样影响到社会正义分配能否落实，决定社会之稳定、和谐可否实现。

在现实社会中，市场与政府虽在效率增长和财富累积上不断实现突破，但却也不免使公民个体之间、公民与国家之间在资源和财富占有上两极分化。如此一来，自然导致个体相互之间、个体与政府之间陷入一种紧张的斗争状态，从而使社会的和谐与稳定，个体的安宁与幸福遭到损害，这一问题又必然反过来影响生产的效率，妨碍财富的进一步增长。

正是基于对追逐效率可能引发社会危机的分析，罗尔斯要将正义置于效率之前，确立为“社会制度的第一美德”，以便借此优先实现国家政治的稳定，进而提高社会生产的效率。为此，他批判了古典功利主义的价值目的论，认为它将效率而非个体的平等自由置于首要地位，可能导致多数人对少数人权益的“合理性剥削”：“每一个人都拥有一种基于正义的不可侵犯性，这种不可侵犯性即使以社会整体利益之名也不能逾越。因此，正义否认为了一些人分享更大利益而剥夺另一些人的自由是正当的，不承认许多人获取的较大利益能绰绰有余地补偿强加于少数人的牺牲。所以，在一个正义的社会里，平等的公民自由是确定不移的，由正义所保障的公民权利决不受制于政治的交易或社会利益的权衡。允许我们默认一种有错误的理论的唯一前提是尚无一种更好的理论，同样，使我们忍受一种非正义只能是在需要用它避免另一种更大的非正义的情况下才有可能。”①

在批判功利主义只顾将社会财富与权利总额这一“蛋糕”做大，却未能充分考虑“蛋糕”分配的均衡问题。罗尔斯提出了自己所认可的组织社会和设定关系的根本标准——正义原则，保障全部个体都享有基本平等自由的第一正义原则：“每个人对与所有人所拥有的最广泛平等的基本自由体系相容的类似自由体系都应有一种平等的权利”②。正义的第一原则从框架上确定了平等之自由的绝对地位，它不允许以任何理由，如“多数人的利益”或“行之有效”等进行侵犯。从这层含义讲，这一原则其实又可作为社会制度的理想设定和终极追求，即在“无知之幕”下缔结的完美契约形式。然而，现实的经济和社会活动则是在“有知之幕”下展开的，即个体必然处于不同的家庭环境、社会背景、身体和自然条件之下，这些既定之存在决定了个体之间无法实现理想意义上的平等与自由。这些现实的不平等困境绝不是要我们放弃追求正义，而是要以正义的第二原则对之加以修正：“社会的和经济的不平等应这样安排，使它们在与正义的储存原则一致的情况下，适合于最少受惠者的最大利益，并且依系于在机会公平平等的条件下职务和地位向所有人开放。”③

为了明晰两个正义原则及第二个原则内部的关系，罗尔斯还提出两个“优先规则”。第一个是自由的优先性，“两个正义原则应以词典式次序排列，因此，自由只能为了自由的缘故而被限制。这有两种情况：一是一种不够广泛的自由必须加强由所有人分享的完整自由体系；二是一种不够平等的自由必须可以为那些拥有较少自由的公民所接受”④。第二个是正义对效率和福利以及“机会”对“差别”的优先性，“第二个正义原则以一种

① ［美］约翰·罗尔斯．正义论［M］．何怀宏，等，译．北京：中国社会科学出版社，2009：1—2.

② ［美］约翰·罗尔斯．正义论［M］．何怀宏，等，译．北京：中国社会科学出版社，2009：292.

③ ［美］约翰·罗尔斯．正义论［M］．何怀宏，等，译．北京：中国社会科学出版社，2009：292.

④ ［美］约翰·罗尔斯．正义论［M］．何怀宏，等，译．北京：中国社会科学出版社，2009：292. f

词典式次序优先于效率原则和最大限度追求利益总额的原则；公平的机会优先于差别原则。这又有两种情况：一是一种机会的不平等必须扩展那些机会较少者的机会；二是一种是过高的储存率必须最终减轻承受这一重负的人们的负担”①。两大优先规则的设立，不仅进一步确立了正义与效率的关系，而且针对现实不平等的处理方式做了必要阐释，即必先遵循程序正义，让服务面向不同家庭和社会背景的全部个体，以使才干、资质不受关系的困扰；在程序正义之后，则应辅之以实质正义，以照顾到那些对资源和自由运用能力较差的弱势群体，使其同样能享受到社会效率所带来的福利。

从现有的生产力水平和公民素养来看，我国依旧处于社会主义初级阶段。这预示着，一方面，实现绝对意义上的平等（包括程序和实质两个层面）和自由尚不具备现实的经济和群众基础，因此必须承认并接受现实社会存在一定范围内的不平等现象，不能一味强求实现跨越式的社会正义，否则可能会引发更大的混乱和非正义。换言之，现有条件下的正义制度需要优先强调程序的正义性，平等原则也主要是指参与机会的对等，而非最终结果一样，如此才能避免陷入“平均主义”的陷阱之中，防止正义和平等沦为效率的对立面。另一方面，我国的社会主义性质决定了必须坚持以实现“个体之全面、自由发展，社会之共同富裕”为奋斗目标，对现实的不平等不断加以调控和改革，逐步推进和谐社会的构建，落实全体公民共享社会发展成果。罗尔斯的正义理论在一定程度上正好契合我国当下的现实国情，他既设定平等之自由的理想状态作为衡量正义的旗帜，又指出我国现实社会的不平等在一定程度上是可以被容许的，正义的达成正是诉诸对既有社会制度的不断改良，以最大程度推进资源和财富分配的正义。从既有历史经验来看，在一个稳定且优良的社会制度下，采用循序渐进的模式来解决社会不公平问题，推动社会和谐会更为适宜，它能够在更大程度上促进文明的传承和制度的制定，不致使历史陷入割裂断代中，使人民陷

① ［美］约翰·罗尔斯．正义论［M］．何怀宏，等，译．北京：中国社会科学出版社，2009：292.

入无所举措中。

概言之，整体或局部的社会制度设定是肯定存在差异，而非在追求平均主义的基础上，去弥合因追求效率所带来的非正义分配。具体体现在：一是保障机会平等，借助严格的程序正义以消解因背景和关系带来的资源板结化；二是推动公共救助，通过政府和社会对弱势群体加以有效补偿，以落实实质正义的内容；三是前面两者的内容又必须以实现平等与自由为参照，并始终将之确立为最高的奋斗目标而不断推进。

二、市场、个人与国家：从产业追求看正义分配的缺失

个体要实现社会和谐稳定、国家长治久安和人民幸福安康的目的，必须按照罗尔斯正义理论所确立的自由优先性原则。政府之存在是为了服务于个体及其组建或结成的法人组织，为个体的自由和福利实现而奋斗，为企业的正当盈利，市场的正常秩序建构来护航，这一点也正是中国共产党以“全心全意为人民服务”为宗旨的根本缘由。这也就意味着，政府的地位应是裁决公民之间、社会团体之间的权益冲突的中介机构，其职责应是保卫国土安全以保障个体的人身安全，维系市场公正秩序以尽可能增加公民福利，借助税收等经济杠杆实现“还富于民”，利用公共福利等举措保障正义分配。直言之，政府绝非是独立于公民和市场之外，国家也非超越于个体之上的存在，而是“权为民所用，利为民所谋，情为民所系”的公共服务组织。然而，现阶段我国体育产业发展过程中出现的问题，从侧面反映了政府在产业追求方面的正义分配缺失。

一方面，相关政府机构本应为体育市场“保驾护航”，以实现市场主体的自由和自主，但现实中部分政府机构和人员却没有完全发挥公权力对体育市场的有效引导和宏观调控，而是出现了干预过度现象，以致一定程度上降低了自由、公平的体育市场竞争机会。斯密对市场这只“看不见的手”的巨大作用的分析，虽然遵循宏观经济发展的客观规律，但认为市场的自由运作还需要政府适时、适机的调控才能实现平衡。但是，在生产力和生产水平相对有限的历史背景下，市场自由竞争、市场价值规律的优先

性地位却是反复被历史证明的，也就是说：政府的参与、调控应该秉持在一定限度内，如此才能在保证市场效率的基础上，实现市场的健康可持续发展。

然而，目前在我国体育产业发展中，政府的市场过度干预行为相对偏多，主导效应相对过大，以致体育产业自身发展规律遭到违背，未能营造出完整意义上的自由进入和公平竞争的市场环境。

我国体育产业发展过程中的行政干预主要分为“整体性干预”“地区性干预”和“国有体育企业干预”三种。所谓整体性体育产业干预指的是，主管体育产业的国家政府部门（国家体育总局、体育经济司等）利用自身的公权力来为体育市场设置总体的运作规范，以建立对体育市场的宏观调控。但是，由于当前政府在体育市场部分领域制定过多且名目烦琐的审批和管理规章制度，限制了社会资本、组织等市场主体自由进入体育市场，以致其难以获得完全意义上的自由、公平的竞争机会。如中国足协通过行政力量安排中超赛制，导致出现部分职业足球俱乐部升降级不合理现象，其直接干预足球联赛资金分配，将广告经营、电视转播的收益纳归到自身权力之下，俱乐部主要负责门票经营权和球员交易，其他的自主权则相对缺乏。

地区性体育产业干预主要是指：地方体育主管部门（各省市体育局、体育经济处等）为了更好地管理和发展区域内的体育产业，利用区域行政机构的权限来设定相应的市场规范。但是，因为受地方保护主义的影响，这种干预往往会提高外来资本的准入门槛，进而影响和阻碍体育市场资源的充分流动。如限制本土体育人才在不同地区的流通；设置区域经济保护壁垒，增加外来体育企业的进入难度、压缩其收益空间，以保障本土体育企业的获益。

国有企业对体育产业的干预是指：由政府实际控制的体育企业成为市场中的大头，主导着体育市场产品和服务的价格走向。以中超联赛股份公司为例，其最大的股权持有者便是足协，其余参股的俱乐部则只能处于从属地位。这种政企不分的体育市场运营模式，会造成权力对体育市场秩序的破坏，同时也容易引发一定程度的权力使用异化问题。

各级行政机构对体育产业发展的政策和管理干预，若是能坚守以市场为主、行政为辅的调控理念，对公权力及其使用设置必要的“紧箍咒”，就可以成为引导体育资源充分流动，规范体育企业运营行为，营造体育市场良好发展环境的调控力量。反之，若是这种干预超出了必要的限度，不能坚守“为市场服务”的根本宗旨，必然会影响体育市场秩序的正常建构，引发政府与市场争利的现象，从而损害体育市场主体的生产积极性，抑制体育产业经济功能和社会功能的有效发挥。

另一方面，相关政府部门要保障人民群众的体育权益，增加体育福祉。长期以来，我国体育产业、竞技体育与群众体育的不协调发展，导致公共体育资源相对缺乏。体育产业发展不仅可以缓解公共体育资源相对不足的窘境，减轻政府供给公共体育资源的压力，保障人民群众的体育权益，同时还可以充盈体育消费市场资源，满足人民群众日益多元化和多样化的体育消费需求。因此，政府应大力发展体育产业，为体育产业“正名”。换句话说，政府对于体育产业的定位和发展必须建立在维护体育的本真精神，保证民众的体育权益，遵循体育产业发展规律的基础上。反之，若是超过这一限度，而将竞技体育发展过于倾向彰显国力和塑造国家形象，势必偏离体育产业的本然定位，悖逆体育应有的价值追求，违反行政正义的伦理要求。

八九十年代，受国家发展战略需要，政府在体育产业管理过程中过于注重国家本位，主要表现为政府在体育产业发展定位上，偏重于其对国家的国际形象塑造和在世界范围影响力的扩大，而在一定程度上弱化了体育产业发展为市场主体增利和人民群众带来福祉的社会功能，体现在政府大力发展竞技体育，尤其对国际性比赛项目，如奥运会、世锦赛等的大量资金投入。1995 年原国家体委发布了《奥运争光计划》，强调大力发展奥运项目提高体育竞技水平，为国争光。2016 年国家体育总局发布的《体育发展“十三五”规划》明确指出：“继续重视奥运争光计划，大力发展奥运项目。”① 这种单向性的投入与重视一定程度上导致了竞技体育和群众体育

① 国家体育总局．体育发展“十三五”规划［Z］．2016.

的失衡发展，传统的奥运优势项目，如举重、体操、跳水、乒乓球、羽毛球等已经获得了充分的发展，但是资金投入依然很大，而奥运弱势项目和非奥运项目等则发展相对缓慢。竞技体育应该向大众化、娱乐化的方向发展，让大众看到最好看的竞技比赛和让消费者能进行体验是体育行业发展的两种机会，让更多人都能关注或参与这个项目。但体育资源过多集中在已经获得充分发展的项目上，使产出无法再实现与投入的对等，既不利于竞技体育自身的健康发展，也不符合群众体育、竞技体育与体育产业协调发展这一逻辑。

党和国家顺应人民群众对美好生活期盼的回应。十八大报告花了很大的篇幅来关注公平正义、民生和人民群众利益的问题，明确提出："要把保障和改善民生放在更加突出的位置"，"使发展成果更多更公平地惠及全体人民，朝共同富裕方向稳步前进。"① 2015 年 3 月，李克强总理在《政府工作报告》中明确提出"发展全民健身、竞技体育和体育产业"，首次将体育产业提升至与群众体育、竞技体育并列的高度，充分表明在国家层面进一步推动体育产业发展的积极态度。而要实现群众体育、竞技体育与体育产业的协调发展，就需要政府对体育资源进行合理分配，构建增进民生福祉和社会公平正义的制度，使体育发展成果更多更公平地惠及全体人民。

三、地域与门类：从产业布局看正义分配的缺失

体育产业的正义分配问题除了涉及政府与市场、政府与公民之间在体育资源占有和使用上的主次、先后关系之外，也与政府对体育资源在区域和门类上的分配、调控密切相关。我国改革开放制定的经济发展思路是："以先富带后富，最终实现共同富裕"。现阶段，尽管我国东部相较于西部、城市相较于乡村，一定程度上实现了"先富"，但如果不能按照"先富带后富"的体育产业发展思路，有效改善区域之间、城乡之间的发展不

---

① 党中央国务院．十八大报告［Z］．2012. 11. 19.

平衡，则最终会影响社会公平正义的实现。

体育产业作为新的经济增长点，具有促进消费、惠民生、调整经济结构，增强发展潜力和带动经济发展的重要作用。不仅如此，发展体育产业还有利于保障弱势区域、弱势群体的体育权益。现阶段，我国体育产业的布局并未能充分体现正义分配中的“机会”和“差异”，城乡、东西部二元对立的发展局面尚未得到有效改善。主要体现在以下两个方面：

一是我国城乡的体育产业不协调发展。国内一、二线城市具有政治、经济、文化等资源优势，相较于西部地区和经济欠发达地区来说体育产业发展水平高。人民体育、人民网舆情监测室联合发布的“2015 年最具体育活力城市排行榜之竞赛榜”显示：“中国足球、篮球、排球、乒乓球、羽毛球、围棋共 6 个项目的 136 个俱乐部主场分布在 66 个城市中。”① 调查发现，发展水平较高、市场规模较大的体育健身休闲、体育场馆租赁等行业也主要集中在大中城市。

我国公民不论是出生或居住于城市还是乡镇，本应享有参与体育健身休闲、享有体育娱乐等的同等机会，即便是受当地经济发展水平的影响，导致体育消费能力存在差异，也不能因此扩大城乡在公共体育资源占有方面的差距，造成体育参与机会的不均等。目前，我国城乡公共体育资源配置的差距显而易见，主要体现在：城市有篮球场、羽毛球场、健身绿道等各类丰富齐全的基础体育设施，体育健身休闲、体育竞赛表演等也大都集中在城市开展，而乡镇或经济欠发达地区的公共体育设施的建设却极度滞后，可能只有单一的篮球场或者乒乓球桌，并且在维护上也没有保障，体育商业、体育服务业发展缓慢。

二是东、西部的体育产业不均衡发展。我国已经实现了基本小康，正在努力推进全面小康的实现。但东、西部发展的不协调问题，却成为阻碍我国实现全面小康的重要“拦路虎”。东、西部之间的发展差距也反映在体育产业发展上。2007 年的相关数据统计显示：“仅东部的福建、广东、

---

① 京沪遥遥领先职业俱乐部”扎堆”省会城市．［EB/OL］．［2016 - 02 - 16］．http：//sports. people. com. cn.

江苏、浙江四个省份的体育产业增加值就占到全国的35%左右，相比之下，西部的青海省在这一数据上的占比却只有0.09%。”① 人民体育、人民网舆情监测室在2016年联合发布了一份名为“2015年最具体育活力城市排行榜”的榜单显示：“足球、篮球、排球、乒乓球、羽毛球和围棋这六个热门项目的职业俱乐部在布局上不甚均衡，东部11个省市区有42个，中部8个省市区有17个，西部12个省市区仅有10个”②。从这六个热门体育项目的职业俱乐部分布可知，东部地区的数量已经大大超出中西部省市的总和，冷门项目体育俱乐部数量差距则相差更大。

东、西部体育产业发展差距除了体现在职业体育俱乐部的分布上，也反映在大型体育场馆建设方面。大型体育场馆数量是衡量一个城市举办大型赛事能力的体现，是城市开展体育团体活动的重要基础和支撑，而我国的大型体育场馆主要集中在大城市，尤其是东部的大城市。2013年12月发布的全国第六次体育场馆普查结果显示：“拥有体育场地数量最多的省份是江苏省，场地数量为4.626万个；最少的则是西藏，场地数量仅为461个，连江苏的零头都够不上。按照人均体育场地面积算，江苏则是贵州的4倍多。”其中差距可见一斑。“有10个省市区没有一个城市的主场馆数量在6个（含6个）以上：宁夏、青海、甘肃、陕西、西藏、广西、云南、福建、黑龙江、安徽，其中7个属于西部省区、2个属于中部省份、1个属于东部省份”。③ 从此次普查结果可以看出，体育场馆建设力度存在明显的东、西部差距，这必然会导致东、西部人民群众在体育参与机会、体育成果分享上的不对等。

体育产业资源的正义分配不但要考虑地域之间的协调发展，而且也应考虑到人群之间的分配公平。换言之，体育产业要有合理的产业结构，即以体育竞赛表演、体育健身休闲等服务业为核心，开展多行业、多区域，

① 易剑东．中国体育产业的现状、机遇与挑战［J］．武汉体育学院学报，2016（7）：8.

② 不宜贸然调整职业联赛布局不均衡的现状［EB/OL］．［2016－02－16］．http：//sports.163.com.

③ 一线城市优势明显，西部地区亟须补短板［EB/OL］．［2016－02－16］．http：//sports.people.com.

并辐射到不同人群的体育设施的规划与建设，为其提供种类丰富的体育产品、优质便捷的体育服务、舒适满意的健身场地，有效满足人民群众多样化、多层次的体育需求，保证不同人群具有均等的体育参与机会，保障他们享有正当的体育权益。

现阶段，随着我国体育产业发展和体育体制的进一步深化改革，体育产业的管理部门肯定还会发生变化，数量也会不断增加，体育产业分类需要持续完善；与此同时，急需优化体育产业结构，转变“体育用品业就是体育产业”的观念，发力发展体育核心产业。

首先，我国体育核心产业发展速度缓慢。近些年来，作为我国体育核心产业的体育竞赛表演业和体育健身休闲业（体育服务业）发展相对缓慢，其在体育产业中的核心地位尚未确立。体育核心产业发展滞后，就会直接导致体育产品不丰富、服务质量不高、健身场地缺乏和观众赛事观感体验差等情况出现，既不利于自身产业规模的扩大，也不符合体育产业结构优化的要求，同时人民群众的体育需求也很难得到有效满足。在西方发达国家，体育竞赛表演、体育健身休闲作为体育产业的支柱性行业，其经济贡献值往往高于其他部分。这也就意味着，民众观赏体育赛事、参与体育休闲的热情较高，群众体育的基础扎实。相比之下，“2012 年我国体育用品业产值在体育产业增加值所占比为 74.83%，体育服务业占 21.01%。”[①] 体育用品制造业的绝对主导地位，体育核心产业占比却严重偏小，表明我国体育产业结构不合理，会造成体育产业发展的内生动力不足，产业发展空间受限。国家《体育发展“十三五”规划》明确提出：未来加强体育核心产业建设，以实现体育服务业增加值占比超过 30% 的目标。只有大力促进体育服务业的健康发展，才能有效满足人民群众日益增长的多元化、多层次的体育需求，激发全社会参与体育健身和体育消费的热情。反之，若我国体育服务业发展迟缓，市场规模较小、产品和服务单一，则不能满足人民群众日益增长的多元化、多层次的体育需求，从而影响到全民健身推进与“健康中国”国家发展战略的实施。

① 易剑东．中国体育产业的现状、机遇与挑战［J］．武汉体育学院学报，2016（7）：8.

其次，我国体育产业的门类结构不合理。随着我国人均可支配收入增加，大众闲暇时间的增多和健康意识的增强，带动了健身休闲、竞赛表演、场馆服务以及体育培训等业态的快速发展，使体育市场供给不断改善，产品种类逐渐丰富，总产出稳步增加，但也存在体育产业结构性矛盾突出、体育市场经营方式落后、公共体育服务体系不完善等突出问题。现阶段，我国除少数奥运优势项目得到国家层面的大力扶持和发展外，部分非奥项目、群众体育项目和传统体育项目等，尚未实现多元发展和特色发展，使得人民群众体育参与可选择面较小，体育消费积极性不高。以体育场馆建设为例，由于投资大、回报周期长、风险高等因素影响，致使社会资本参与投资的积极性不高。与此同时，政府未能充分发挥其对体育市场的宏观调控职能，通过政府公共投资或引导社会资本参与体育市场供给来克服市场失灵，从而使体育资源得以合理配置。目前，我国面临人民群众体育健身需求和运动场地不足的现实矛盾。第六次全国体育场地普查的结果显示：截至 2013 年 12 月 31 日，我国体育场馆总数大约 170 万个，其中篮球场就有 59 万多，占比超过 36%，加上全民健身路径、乒乓球场、乒乓球房（馆）、小运动场这四项靠前的项目，总数量则为 124. 80 万个，所占总数比高达 75. 99%。在我国部分体育消费领域，一些消费群体在体育产品的购买和体育健身器械维护方面往往是有求而无市，这无疑悖逆了正义分配中的“差异原则”。由此可见，无论是体育场馆不能适应广大民众的体育健身需求，还是体育消费市场产品和服务过于单一，都会使人民群众多样化、多层次的体育需求得不到有效满足。

第三节　个体生命自由与全面发展的“不在场”

我国将体育产业作为绿色产业和朝阳产业来扶持和发展。一方面，体育商品或服务能产生巨大的经济价值，这种对经济的贡献是建立在人们物质生活和闲暇时间更为充盈的基础上，即不再仅仅为了温饱奔波，也不再以提前或过度消耗身体来换取财富。从这一层面上讲，体育产业的发展，尤其是体育活动的普及和体育消费的流行，说明大众对身体健康的重视和对美好生活的向往。另一方面，体育本身传送了拼搏、公平、友爱等价值理念，并实现了强健身体、丰富生活的切实功效。换句话说，体育产业发展有助于人们更好地参与、享受体育运动，体育运动之普及则可以塑造个体的强健体魄与高尚人格，实现人的德、智、体全面发展。

然而，我国体育产业在实际的发展过程中却引发了一定程度的异化问题，并未如预期那般推进个体的自由、全面发展，反倒让体育竞技和消费等活动成了部分生命个体的主宰，阻碍人的本质的实现，人在体育运动和消费中丧失了自身的“主体性”，无法展现一己之自主、自觉。体育产业异化所造成的“主体性”缺位又集中表现为：部分体育产业参与者陷于胜负至上的观念之中，为了谋求一己之利而扭曲生命和体育的本真价值，导致道德上的堕落；体育消费者陷入“娱乐至死”的心态中，或只顾身体锻炼，或一味沉迷消费，形成“单向度”的人生轨迹，遗忘对自身及外在社会的必要反思与批判。

一、进步与迷失：文明和科技的异化陷阱

“异化”一词最早被用于分析社会问题始于启蒙运动时期，它表示的是权利由个体向国家的让渡，通过群体性社会的构建以摆脱原始的不安宁状态。霍布斯认为原始个体完全是依照趋利避害的自然本能来行事，原始状态则是一种“人对人是狼”的战争状态。人们为了获取最大利益，需要改善这种不安全的生存环境，这要求每个个体都将自身的权利转让给中间机构来代理，从而保证契约者的安全。

卢梭从“良心论”的人性设定出发，认为自然状态通过权利异化（让渡）进入社会状态，其实是一种自由和道德的堕落。“人是本性为善的存在者，他热爱正义和秩序，人心中没有原初的堕落，自然的原初运动总是正确的……一切加诸人性的邪恶都不出于人的本性。”① 然而在原始个体缔

① 赵敦华．西方哲学简史［M］．北京：北京大学出版社，2009：280.

结社会契约之后，却因为权力的私有化、专制化，最终引发社会的不平等、不自由，导致个体之间的分化与对抗，道德也因此而堕落。虽然卢梭赋予异化权利转让或让渡的含义，但他由此感发的对理性、文明的批判，无疑开启了对异化现象的反思和批判之路。

“异化”被用于哲学研究起于费希特的“自我设定非我”，即主体将自我意识外化为客观对象的过程。承袭这一思路，黑格尔揭示了绝对精神“外化”与“回归”的辩证运动，费尔巴哈则展开“上帝是人的本质的异化”的宗教批判。马克思则在黑格尔和费尔巴哈的基础上，进一步提出“劳动异化”学说，用以分析和揭露资本控制下劳动者的生存困境。马克思对异化的阐述，使它正式成为批判的对象。我国诸多不同领域的学者之所以会广泛运用异化范式来批判各类社会现象，归根结底也是受到马克思的影响较大。

马克思对于劳动异化的体系化论证主要集中在《1844年经济学哲学手稿》（以下简称《手稿》）一书中。但在此之前，他在1843年所做的《论犹太人问题》中便对之做了初步的说明：“在这个社会（尘世的生活）中，人作为私人进行活动，把他人看作工具，把自己也降为工具，并成为异己力量的玩物。”① “金钱是人的劳动和人的存在的同人相异化的本质，这种异己的本质统治了人，而人则向它顶礼膜拜。”②《手稿》的诞生则明确将异化归因于私有财产制度，进行了系统的论述，具体指出了异化的四种表现：一是劳动者与劳动产品之间的异化。劳动产品作为劳动的成果，本是归劳动者所有，然而在私有制背景下，劳动对象被资本所掠夺，不再属于劳动主体自身，甚至于“工人生产的对象越多，他能够占有的对象就越少，而且越受自己的产品即资本的统治。”③ 异化状态下的劳动者与劳动产品之间由此成了反比关系：“工人生产的财富越多，他的生产的影响和规模越大，他就越贫穷。”④ 二是劳动者与劳动本身之间的异化，“异化不仅

---

① 马克思，恩格斯．马克思恩格斯文集（第1卷）［M］．北京：人民出版社，2011：30.
② 马克思，恩格斯．马克思恩格斯文集（第1卷）［M］．北京：人民出版社，2011：52.
③ 马克思，恩格斯．马克思恩格斯文集（第1卷）［M］．北京：人民出版社，2011：157.
④ 马克思，恩格斯．马克思恩格斯文集（第1卷）［M］．北京：人民出版社，2011：156.

表现在结果上，而且表现在生产行为中，表现在生产活动本身中。”① 劳动本是作为人自主、自由活动的表现，是自我肯定的一种途径。但是，在资本私有制的统治下，劳动不再是自主的，而成了一种被迫和无奈的行为，成为“不是满足一种需要，而只是满足劳动以外的那些需要的一种手段。”② 这也就意味着，劳动不再是劳动者的自由行为，而变成了否定和折磨劳动者的一种力量，所以劳动者总是企图创造机会去逃避劳动，而非热爱劳动。三是人与人的本质之间的异化。人的本质指的是个体共同拥有的自主、自由改造客观世界的活动。然而，“异化劳动把自主活动、自由活动贬低为手段，也就把人的类生活变成维持人的肉体生存的手段。”③ 人的本质由此“变成了对人来说是异己的本质，变成了维持他的个人生存的手段。异化劳动使人自己的身体同人相异化，同样也使在人之外的自然界同人相异化，他的精神实质、他的人的本质同人相异化。”④ 四是人与人之间关系的异化。既然劳动成果与劳动本身都不再由劳动者自主控制，那他们必然是转变为资本家的财富与幸福：“通过异化的、外化的劳动，工人生产出一个同劳动疏远的、站在劳动之外的人同这个劳动的关系。工人对劳动的关系，生产出资本家——或者不管人们给劳动的主宰起个什么别的名字——对这个劳动的关系。”⑤ 换言之，在私有制背景下，工人阶级与资产阶级成为彼此的对立面，形成剥削与被剥削、压迫与被压迫的扭曲关系。

1932 年《手稿》得以公开发表，“异化”思想立即引起了诸多西方马克思主义学者的关注、阐释和延伸，其中尤其以法兰克福学派的赫伯特·马尔库塞为典型代表。马尔库塞承袭马克思“异化”思想所展现的现实批判视角和逻辑，对资本主义文化所控制下的社会和个体进行了深度的剖析，提出了“单向度的人”，这一论题对于今日之世界仍旧具有强烈的批判和现实意义。

---

① 马克思，恩格斯．马克思恩格斯文集（第 1 卷）［M］．北京：人民出版社，2011：159.
② 马克思，恩格斯．马克思恩格斯文集（第 1 卷）［M］．北京：人民出版社，2011：159.
③ 马克思，恩格斯．马克思恩格斯文集（第 1 卷）［M］．北京：人民出版社，2011：163.
④ 马克思，恩格斯．马克思恩格斯文集（第 1 卷）［M］．北京：人民出版社，2011：163.
⑤ 马克思，恩格斯．马克思恩格斯文集（第 1 卷）［M］．北京：人民出版社，2011：166.

马尔库塞通过对现代工业社会中科学技术的深度审视指出，科技并非是价值中立的，而是带着强烈的政治和意识形态色彩，其本质就在于维护社会统治的合理性与合法性。一是科技作为工具和手段是为特定的政治所服务的，是为完成特定的历史规划而存在的。“作为一个技术社会，发达工业社会是一个政治的世界，是实现一项特殊历史谋划的最后阶段。”① 二是即便抛开政治的方面，科技也构成了人对自然、人对人的某种统治，它不可能完全平等地对待全部的人和物。三是科技作为一种重要的文化形态，取代传统意识形态的地位，成了为现存社会合法性辩护的新型工具。人们在享受科技带来的便利的同时，忘却了对自由的追求，对社会的不公也变得更为宽容。“发达工业社会的显著特征是它有效地窒息那些要求自由的需要，即要求从尚可忍受的、有好处的和舒适的情况中摆脱出来的需要，同时它容忍和宽恕富裕社会的破坏力量和抑制功能。”② 四是科学技术的推广代表着统一、普遍和功利，它瓦解了多样、差异和辩证的思维，先验地成为适宜于维系既有社会的统治：“技术合理性是保护而不是取消统治的合法性，理性的工具主义视界展现出一个合理的极权主义社会。”③

总而言之，在马尔库塞看来，社会和个体在科技主导下正在不断地丧失自身的自由和自主，成为不具有批判性和创造性的“单向度社会”和“单向度的人”。科技进步带来的便利和自由越多，其所附带的限制和陷阱也越深，社会和生命沉浸物质的丰盈之中，却丧失了最宝贵的精神特质和本真追求，成了既有存在的奴役和附属：“人类已经被科学抛弃了，反过来人类为科学服务，并且作为外在科学的某物从属于科学。”④

虽然目前在马克思整个思想体系中，马克思主义哲学领域对“异化”的地位持不同见解，或认为这只是马克思早年的思想，并不与后期马克思

---

① ［美］赫伯特·马尔库塞. 单向度的人——发达工业社会意识形态研究［M］. 刘继，译. 上海：上海译文出版社，2006：7.

② ［美］赫伯特·马尔库塞. 单向度的人——发达工业社会意识形态研究［M］. 刘继，译. 上海：上海译文出版社，2006：8.

③ ［美］赫伯特·马尔库塞. 单向度的人——发达工业社会意识形态研究［M］. 刘继，译. 上海：上海译文出版社，2006：144－145.

④ 曹玉文. 西方人看马克思主义［M］. 北京：当代中国出版社，1998：288.

主义思想相融合；或认为“异化”可代表其思想的实质。然而，不可否认的是：“异化”思想和逻辑已然成为重要的公共研究“范式”，被广泛运用于分析各类社会领域和现象，如心理学的“自我统一性的丧失”，文明批判中的“娱乐至死”“无家可归”“道德堕落”等。具体到体育研究，“异化”逻辑同样被众多学者拿来分析体育市场、体育竞技和体育消费中所存在的问题，进而提出相应的解决路径。

二、“胜负至上”与“娱乐至死”：体育产业参与的“主体性”遗失

马克思的“劳动异化”和马尔库塞的“单向度的人”虽然是在资本主义社会背景提出的，但其本质无非是对资本和市场，以及由此而来的生产和生活方式的控诉。正是如此，“异化”逻辑才会在我国被众多学者加以阐释和运用。具体到我国体育领域，体育产业是以市场为核心展开的，它所带来的“劳动异化”现象不只存在于公共性的体育用品、健身器械生产的一线工人，更存在于特殊性的体育服务行业，尤其是职业体育相关从业人员身上。职业体育运动员与裁判等通力配合所提供的竞技表演的本质正是劳动和劳动产品，运动训练或比赛本该成为提升运动员、教练员、裁判员等自由、自主、全面发展的有效手段或载体。然而，部分职业运动员、教练员和赛事组织人员等却受“胜负至上”观念的支配，以致不惜采用违规、非法手段去获取胜利，以实现自身的一己私利。这无疑就是人与其劳动、劳动产品以及体育精神实质等的异化，以致体育竞技由此成为外在、对立于运动员、教练员的存在，人的“主体性”被压抑和解构。

职业运动员、裁判员等体育职业人员本应借助自身的职业和劳动去实现物质和精神的双重提升，为观众奉献精彩的体育竞技比赛，展现人体的力与美；通过对体育精神的弘扬，推进社会的规则的遵守和契约意识的提升；通过刻苦的训练和技术的发挥去为集体、国家争取荣誉。但在大型体育赛事或商业体育赛事举办过程中，部分职业运动员、裁判员等人员由于受到外在不良环境和自身意志薄弱等因素的影响，形成“金钱至上”“金

牌至上”等错误的价值观念。我国职业体育场上时常曝出运动员为了追逐金钱和物质，损害身心健康、不顾职业道德、舍弃国家荣誉，通过使用各种禁忌药物，恶意中伤对手等不正当手段获取胜利；部分教练员和裁判员违背职业操守，滥用手中权力，出现左右运动员选拔和比赛结果等不良现象，都是职业体育中“劳动异化”问题的表征。

对应于马克思劳动异化中的四重类别，职业运动员、裁判员等的劳动即为体育训练和竞技过程，其劳动成果则为最终的竞技表演和成绩排名，其本质则是与生命本真和体育精神相符的身体和灵魂的自由、全面发展。人与人的关系则包括运动员与俱乐部，运动员与教练员、裁判员，运动员与观众，以及运动员之间的关系。依照上述四种类别来剖析职业体育中的异化问题，可分为以下四种异化：

一是体育劳动产品的异化。即体育职业人员所提供的竞技表演过程与结果“作为一种异己的存在物，作为不依赖于生产者的力量，同劳动相对立。”① 职业运动员努力进行竞赛表演，但竞赛表演及其成果却并不归属于自身，而是被俱乐部或其他管理机构所拥有。正是如此，运动员或教练员等为了维护自身在团队中的地位，又或为了赚取更多的收入，就必须不断取得胜利，甚至不惜为此必须出卖自己的尊严和身体，违背职业道德和透支身体去参与比赛。如此，运动员越是努力去进行竞技表演，他就会越受制于竞技表演，沦为竞技的机器和胜负的奴隶。

二是体育劳动本身的异化。体育劳动产品异化的根源正在于体育活动与运动者之间的异化和对立，作为劳动形态的体育运动本是主体自主、自觉的参与，是用以取悦和提升的载体。然而，现实之中的部分体育训练或体育竞技却成为运动员自身一种不得以的行为，不仅无法促进自身的发展和完善，而且反过来否定自身之物。换言之，运动员参与训练和竞赛、教练员指导训练和竞赛，成了争取胜利的一种被迫行为，一种折磨自身身体和违背体育精神的工作，而不是从内心出发尽情享受比赛的自主活动。正是如此，现实中的职业运动员往往都将家庭和运动分开对待，都渴望在竞

① 马克思，恩格斯．马克思恩格斯文集（第1卷）[M]．北京：人民出版社，2011：156.

技训练和表演之外，去寻求自由和愉悦，这也是部分运动员们在竞赛之后往往喜欢疯狂地吃喝玩乐的缘由所在。

三是体育职业人员与自身本质的异化。公平竞争是奥运赛事的“一杆秤”，是指运动员在同样的规则下进行的竞争，但是“公平竞争不是绝对均等的竞争，允许规则范围内身体条件的不同和技术水准的差异。”① 但是，市场经济条件下，体育赛事成了产业化的利润来源，其评价标准出现过度商业化情况。为了取得比赛胜利，获得更多商业利润，一些运动队成了个别商业主体操纵的对象，他们采取贿赂裁判或者服用兴奋剂的方法来参与竞争。前者用不正当手段使竞争的天平偏向自己的一边，后者不符合“规则范围内的技术水平差异”。在体育竞技赛场上，规则就是“阳光雨露”，而不遵守规则的贿赂行为，被人们称作恶魔的“兴奋剂”现象，使体育场成了商场，充斥着阴谋诡计、尔虞我诈，严重违背了体育公平竞争的伦理规范，是不道德的，是观众所不能容忍的，容易引起社会暴力事件，不利于体育产业健康发展，甚至对社会道德产生极大的负面影响。体育职业人员参与到体育竞技之中，本是为了获得自身的自由、促进自身的发展和完善，弘扬体育中的正义、拼搏、奋进等精神。然而，现实的部分体育竞技训练和比赛中，价值观扭曲的运动员、教练员往往对于自由和精神层面的善化束之高阁，眼里只剩下胜利以及随之而来的利益与地位。

四是体育职业人员之间关系的异化。马克思所说的人与人的关系异化主要指的是阶级关系的对立，但是在现实中异化的关系远不止于此。因为利益分化和获取的问题，体育职业人员不仅与管理者或俱乐部之间容易陷入对立，如田亮与国家跳水队、宁泽涛与国家游泳队之间的矛盾和分裂。而且，在运动员与教练员、裁判员，甚至于运动员之间也容易激发矛盾。一旦运动员个体或团队成绩不理想，教练与运动员之间的矛盾便被激化出来，又或在同一团队之中选拔队员参赛的时候，运动员之间不惜牺牲友谊和合作，这样的故事和相关报道屡见不鲜。

---

①　李艳翎，等. 对竞技运动中技术运用的伦理思考［J］. 北京体育大学学报，2003（6）：822－826

不仅职业体育从业人员，体育消费中的广大个体同样遭受着“异化”的侵害。体育产业发展对广大体育商品消费者而言，本是通过消费来发挥丰富生活、强身健体，构筑和谐灵魂、增进社会交往等正面效能。然而，现实中部分体育消费者往往被享乐主义和消费主义等不良思想侵蚀，陷入虚无主义和商品拜物教之中难以自拔，体育消费“拜物教”的盛行，使得消费本身成了目的，消费不再成为完善自身“主体性”的手段，而是“主体”成了消费活动及消费商品的附属。休闲健身消费中存在的身体至上，忽略精神追求的现象，则破坏身心的和谐关系，也扭曲了对体育真、善、美的本真追求。体育消费所带来的享乐主义，使人沉浸于当下，陷入“娱乐至死”的氛围之中，遗忘了对社会的批判，对自由的追求，成为缺乏批判和否定精神的麻木不仁的“单向度的人”。此外，体育消费者还因为对体育运动的真正伦理价值和体育精神的不理解，导致参与体育运动纯粹是为了娱乐、观看比赛只为了看自己支持队伍的胜利等。上述种种问题的存在使体育消费者未能从消费中获得实质的正能量，无法使之成为增强身体素质、提高精神境界和实现幸福生活的有效途径。

具体来讲，体育消费活动中的异化主要表现为以下三方面：

一是消费目的的异化。人们本来的消费目的是为了满足自身的自由和全面发展，但不少消费者却变成了只为满足身体的健美而消费、为了满足内心的占有欲而消费，甚至为了满足消费本身而消费。如不少个体之所以进行体育健身休闲，更多的是追求好看的肌肉和线条，而不是真正的身体强健。他们消费的主要目的是追求身体外在的美，而忽视精神世界的完善与丰富。部分消费者购买专业的体育运动装备、办健身卡、观看比赛等，也不是为了锻炼身体和放松身心，也不是为了促进自身健康，让自己拥有更充沛的精力去追求美好的生活，而纯粹是为了炫耀自己的财富和地位。

二是消费心理的异化。一方面，体育消费应量体裁衣，按自己需求和能力来安排，而不应被外因强迫消费。可是，现实的体育消费活动中却有部分人在无奈进行被迫地消费，明明自己不需要或者没有条件，却还是要进行消费。如部分消费者为了面子、赶潮流或社交等，被迫去健身会所、参与体育旅游等。另一方面，体育观赏性消费应该是享受竞赛过程，感受体育精神，陶冶自身心灵的活动，而不仅是关注输赢，强调国家意识。然而，由于部分体育消费者素养低，带着有色眼镜看赛事，将赛事无端贴上政治化和功利化“标签”，当赛事结果与自己心里预期有偏差时，就开始肆意谩骂或产生肢体冲突，以致忽略了观看体育竞赛表演本身的价值和意义。如不少观众看国足的比赛就是希望它赢，期盼它打败其他国家队。如果比赛输了，观众就会难过、生气甚至愤怒，然后在各类自媒体上对运动员、教练员、足协一通指责和谩骂。“京骂”现象就是最好的例证，它客观地反映了部分球迷素质的低下。①

三是消费者身份的异化。消费者除了个体之外，也包括群体、社会、国家等宏观主体。在具体的消费过程中，个体与集体之间的消费活动及后果也会发生异化，即本来是属于个人的消费，却莫名其妙被强加到社会或者国家的身上。反之，本是国家的消费也可能最终异化成个体的责任。如一些体育行政部门的官员，在代表社会和国家消费时，最终消费的利益却落到了自己身上。

总之，体育消费异化造成人们对物质和欲望盲目的崇拜、无休止的追求，使人们的价值观偏离正轨。消费主体不再是通过消费来推动身体和灵魂的和谐发展，而是被体育消费活动本身和体育商品所控制，被自身的一己私欲所胁迫，“注意力仅限于追求物质享受，……变成了畸形发展的、丧失了人性的人”②，最终沦为丧失自由和全面人格的机械。

---

① 苏群. 京骂反映球迷素质，建议将骂人者关黑屋［EB/OL］.［2016-12-27］. http://sports. sina. com. cn.

② 曹玉文. 西方人看马克思主义［M］. 北京：当代中国出版社，1998：346.

第三章

我国体育产业发展问题成因的伦理分析

体育产业的发展必然涉及政府、市场与个体，多重主体共同构成紧密的联动关系并产生相互作用。我国体育产业发展过程中的伦理失范、价值导向缺失等问题，其原因是多元和复杂的，它是政府作为、市场机制、社会氛围、个体认知等多个维度交互作用的结果。体育市场的发展和壮大对体育产业的发展至关重要，而要发挥体育市场在体育资源配置中的决定性作用的前提，则在于建立完善且公平的竞争机制和建设良好的市场伦理环境，否则必然导致相关市场主体陷入一味的逐利之中，罔顾市场契约，使得整个体育市场陷入无序发展和无效竞争，并因此反过来制约体育产业健康发展。我国体育产业之所以出现各种违背安全、诚信等原则的市场乱象，其根源就在于缺乏完善的竞争机制，经营主体未能树立良好的契约精神。体育市场化运作难免会带来资源分配的非正义，这种非正义的扩大又必然会反过来影响市场本身的健康运行。这就意味着，相关体育市场主体绝不能对正义分配置若罔闻，而是需要积极运用自身力量，发挥"公益精神"，去协助政府弥合市场所带来的分化。基于体育市场在体育资源分配中的决定性作用，政府本该积极确保体育市场内部的自由竞争和公平秩序。然而，在我国体育产业发展过程中，部分政府管理机构却因为自身定位不清、观念滞后等因素影响，罔顾市场法则，以行政力量来过度干预体育市场，以致政府与市场之间关系紧张。与此相应，政府对体育市场所带来的资源分配不公，本应采取有效的调控措施以确保正义分配的达成，让尽可能多的民众享受到社会发展成果，但现实是政府在此"当为"之处又有所“不为”，以致体育资源分配、体育权益享用出现日益板结化的趋向。个体伦理规范缺乏也是造成我国体育产业发展出现问题的重要原因，体育职业人员的道德堕落、不守规则，致使体育竞技场上频发“假球”“黑哨”和“兴奋剂”事件。体育消费人员的价值观扭曲、消费观念滞后等则导致了“拜物教”“拜身体教”等消费异化，致使个体沦为只知享乐、不知创造的“单向度的人”。

第一节　市场伦理的失衡

相较于政府调控，市场主要依循自由原则来运作。然而，市场自由也绝不是无条件的，严复将“自由”译作“群己权界”便可见得市场不允许资本不顾规范而任意操作。市场主体的自由都必须以承认他人拥有同样的自由为前提，否则自由便只能沦为强者对弱者权利的侵占，最终必将导致包括自由在内的全部权利的获取都只能诉诸力量而无法维护市场的应有秩序。换言之，市场自由的确立和维护必须建立在公平的契约之上，相关市场主体依契约严格行事，如此才能保障自由和长久，进而才能不断提升生产效率。我国体育市场主体正是因为缺乏“契约精神”，不懂通过彼此合作来制定完善的契约，不能约束自身以严格执行良善的契约，以致市场内部出现诸多的无序发展和不良竞争问题。

市场作为社会的重要构成部分，它们彼此构成互为唇齿的关系。市场效率的提升有助于社会的发展，社会的和谐又能反之推动市场的繁荣。既然市场与社会的和谐、稳定紧密相关，那么市场所带来的资源分配不均现象的解决自然也不单是政府的职责，市场相关主体也应积极发挥“公益精神”，利用自身的有利条件去消解因体育资源分配不公引发的矛盾，营造和谐的社会，以使市场发展获得良好的外部环境。我国体育市场部分主体往往只重一己私利，而不顾社会之公平，使体育资源正义分配的推进缺乏有效合力，以致市场与社会之间的矛盾也难以缓解。

一、体育市场运营主体“契约精神”的匮乏

市场主体追逐利润本无可厚非，“经济理性”动机也是推动生产效率的重要动力。然而，崇尚“经济理性”，追求市场功利，也需要有所限度，即必须是建立在公正、合理的契约之上。若市场主体将利润获取视作自身的唯一衡量标准，那无疑会陷入“工具理性”之中，忽略手段的正当与合法，最终导致市场内部秩序的混乱、效率的低下。目前我国体育市场之所以存在诸多的无效竞争、不公平交易现象，正是因为相关主体缺乏必要的“契约精神”，缺乏对公平契约的认可和遵循。

具体而言，当前我国体育市场部分主体缺乏必要的“契约精神”，主要表现在契约内容界定不准确、契约签订过程不透明、契约遵循不规范三个方面。部分体育市场运营主体只见功利不见道义，不明白市场契约的内容应当实现功利与道义的并举。对功利的追求应该而且必须成为市场经济正当契约内容的一部分，因为市场自由原则要求相关主体自主经营、自负盈亏，它们必须以追求利润为中心，如果不能盈利，那么就只能接受惨遭失败而被淘汰的命运。市场主体合理追求利润也是推进和维护市场效率、创新市场技术、丰富市场商品和服务的重要保障。反之，若是否定或取消主体对功利的合法追求，要求市场运营者一心为公，不仅不合于人性，也终将致使生产陷入停滞。

我国传统文化中存在大量“义利之辩”的内容，其中又尤以儒家学者的探究最为丰富和典型。孔子对逐利的合理性给予必要的肯定，认为富贵乃是人人渴求之事，对此既无须遮蔽，却也不可强求，而必须将之纳入“道”“义”的统摄之下来追求；否则，便是不足乐、不可取：“富与贵是人之所欲也，不以其道得之，不处也；贫与贱是人之所恶也，不以其道得之，不去也。”[①] 然而，到孟子、荀子处，义、利却有了明显的先后对待，呈现出浓厚的贵义轻利倾向。其后，汉代的董仲舒更是明确提出“正其谊

① （宋）朱熹．四书章句集注——论语集注［M］．北京：中华书局，2010：70.

（义）不谋其利，明其道不计其功”，将逐利的合法性和必要性进一步进行解构。随着儒家思想在汉代形成独霸之势，宋明理学家又以“存天理、灭人欲”的原则塑造出了儒家文明在传统时期的巅峰，“见义忘利”的价值取向逐步成为整个社会的核心标准。这一价值取向，一方面，导致我国传统出现严重的“重士轻商”，使得商业发展和资本累积难以实现长足突破；另一方面，文化的引导并不能完全压制个体的私欲，反倒引发了“阴阳”二分的人格分裂，即台面上大肆宣扬道义，私底下却又制造或顺从各类满足私欲的潜规则。①

然而，市场主体也不能以追求利润为自身的唯一目标，有效的市场契约也必须包含道义的要求，以道义来约束和规范功利，实现功利与道义的并举。依照社会契约理论，人们之所以要通过缔结契约的形式结束个体生活的自然状态，转入群体生活的社会状态，核心目标之一就是更好地“保全生命”，使自己摆脱原始的不安全状态。市场作为整体社会的一部分，其契约自然也应该以尊重和敬畏生命作为核心道义，因为“生存权基于人类的生命本能而产生，是最基本的人权，是享受其他人权的前提。”② 人们参与体育运动、购买体育产品和服务，是为了让生命得到锻炼，使身心变得更为健康、和谐，这也是体育精神的应有之义。若是体育市场所立之契约不能保证生命健康权，那它必然是非法的；若是体育运营者只顾一己私利，侵害消费者的生命健康，那它也终将被法律制裁、被市场淘汰。

我国体育产业中出现的“毒跑道”、体育馆坍塌等问题，其缘由在于部分经营者忽视市场契约中的道义，轻视生命的价值，将一己私利建立在践踏他人生命安全的基础上。体育市场主体生命伦理意识淡薄，不仅表现在情感上不重视和不尊重生命，更体现在体育产品供给的质量上不过关。而且，当消费者或企业员工的自身安全和企业获利相冲突时，企业便会首选自身利益而罔顾他人安全。如因为生产高规格产品、修建和维护相关安全设施、进行安全管理等需要付出额外成本，以致压缩获利空间，市场主

① ［美］黄仁宇．万历十五年［M］．北京：中华书局，2010：70.

② 董云虎，刘武萍．世界人权约法总览［M］．成都：四川人民出版社，1993：13.

体便置之不理，一旦出现问题了再用金钱或者权势来解决；部分职业体育俱乐部等盈利组织，为了获得高额利润，不惜操控比赛，或让运动员过度训练、透支体能以获取胜利。正是因为当前我国体育产业发展过程中有相当一部分市场主体只见功利不见道义，只见利益不尊重生命，才导致频频出现体育产品质量不过关、运动员身体受到伤害，甚至于危害青少年群体身心健康的问题。

另外，部分体育市场运营主体只见竞争不见合作，不懂得市场契约的签订应当由多元主体通力合作来完成。市场契约的构成虽然主要交由相关立法机构来完成，但法律条款的确立必然少不了多元市场主体的参与和建议。而且，除了立法部门确立的法律法规，体育市场也必然需要内部的行业规定，如此才不至于事事诉诸法律程序，增加体育企业的莫名负担。体育市场种种行规的确定，绝不应该只有一家之言，因为行规涉及的是全部体育市场主体的利益，所以其最终确定也必然是需要多元主体共同的沟通与协商，以达成对彼此、对消费者都公平的“弱共识”。

体育市场契约的公共性意味着市场主体之间不只存在竞争关系，还存在合作和共存关系，唯有两者协调发展，实现竞争中有合作、合作中有竞争，才能维护市场的有效秩序和提升市场效率，最终促成彼此的互惠与共赢。换句话说，和谐的体育市场必须具备完善的竞争机制，以保证市场主体之间在有序、合理的框架中进行有效竞争，实现彼此的共生多赢。反之，若是竞争机制不完善，即缺乏内在的协调、组织和统一，体育市场主体就会各自为政，彼此为敌，最终破坏公平竞争的市场环境。然而，现阶段，我国部分体育市场主体却只看到同类企业对自身的威胁，以致想尽办法、用尽不道德手段来将其排挤出去。部分体育企业企图借由自身丰厚的资金，又或低廉的成本，占据尽可能多的市场份额，甚至实现对市场的独霸。殊不知，没有对手，没有合作，就不可能有自身的进步，也不可能有市场的健康发展。

再者，部分体育市场运营主体只见自身不见他人，不遵循或者不维护既定的市场契约。部分市场主体罔顾既定的契约，只顾一己私利，忽略甚是践踏他人的合法权益；又或其他市场主体虽采用非法手段获利，但只要未直接危及自身利害，便对其置之不理，以致有效秩序遭到破坏。当前，我国体育市场中部分主体缺乏诚信意识，不遵循等价交换原则便是最好说明。部分体育市场主体明知公平和诚信的交易原则，但为了自身利益的最大化，往往却又将诚信和公平放置一边，认为诚信会使自身利益受损，以致公平交易原则得不到落实，消费者的合法权益得不到保障。此外，体育市场主体偷税漏税、操控比赛等不法行为，其根源也是对既有契约的不遵循。

体育市场良好秩序、公平竞争的实现，离不开对完善市场契约的坚持。任何体育市场主体都应树立主人翁意识，强化自身的监督职责，对那些不守契约、甚至明知故犯的主体予以举报，并对其合理制裁，以保证市场契约的神圣和庄严。然而，现阶段部分体育市场主体却存有“事不关己，高高挂起”的态度，对市场的不法行为视而不见、听之任之，甚至自身也加入其中以赚取非法利益。如此，体育市场之公正环境就难以保证，再完善的契约和法律也将变成一纸空文。

二、体育市场运营主体“公益精神”的不足

公正的契约在市场中展开和运行，尽管能促进市场内部的高效运行和维持良好的市场秩序，但是不能避免市场资源和财富的分化危机。市场资源分配中的分化和对立现象，虽然主要应由政府通过税收等方式来解决，但市场也应该运用自身的力量来推进正义分配的达成。因为，市场并非独立于社会之外，社会的稳定、和谐与否也会影响市场能否有效运行。市场与社会的紧密关联，意味着市场主体并非纯粹的经济实体，也作为道德实体而存在。“体育产业中的经济主体的经济行为或经济活动，都不可能是纯粹的经济行为，势必蕴含着人的道德价值，体育产业活动绝不是一个简单的投入与产出的问题，而是实现人们的价值追求和全面发展的过程。体育市场经济本身如同一把‘双刃剑’，具有其经济和道德上的双重性。”①

① 沈克印，等. 经济伦理在体育产业中的功能与价值研究［J］. 西安体育学院学报，2013（1）：49.

正是如此，体育市场主体不仅应遵循“契约精神”，实现功利与道义并举，还应积极承担社会责任，弘扬“公益精神”，实现效率与正义的共存。

市场经济作为效率的典范，自近代社会开启以来，为社会物质的迅速增长提供了无穷的动力。但其所奉行的“自由主义”“个人主义”等原则却导致了生产资料私有制与社会化大生产之间的必然矛盾，由此引发出资本主义社会“规律性”的经济危机以及社会资源的两极分化。然而，随着社会的发展，市场经济运行法则本身也开始不断改进，从原本粗放的自由模式逐步延伸出与法团主义、社群主义相结合的精致形态。随着体育市场与调控、自由与责任、个体与社群之间的日益兼容，体育市场化运作也开始孕育并不断强化其自身的道德正义性，它不再一味注重“经济人”的效应，而是将“同情”原则也融于其中，通过赋予资本以公益精神，尽力去弥补现实中的不平等问题。

北京大学国家发展学院的张维迎教授指出：“慈善本身就是私有财产制度下的一种产物。如果没有私有财产制度，慈善亦不会存在。”① 以私有制为根基的市场经济不只有利于生产效率和技术进步，对社会正义及道德的实现也有莫大的助益。自由的企业制度为个体生命提供了平等的机会，让人能各显其能、各尽所长地去获取成功，进而实现一己生命的尊严与价值。不仅如此，自由的企业制度其实也最有利于人们同情心的培养与彰显。以美国在市场化制度下慈善事业的蓬勃发展来做经验层面的说明：美国每年慈善捐款的总和约为3000亿美元，其数量超过葡萄牙、芬兰等不少国家的GDP总量。这些捐款的来源并非政府的社会保障类，而是市场制度下的各类私人性主体，其中四分之三是源于私人捐款，四分之一则来自公司团体和私人基金会等组织。据介绍，有50%～60%的美国人每年都会参与各种志愿者服务活动，平均服务时间接近50小时，有70%～80%的美国家庭每年都会有相关的慈善捐款，平均捐赠额度则超过1000美元。②

---

① 给中国的“扎克伯格”们打开做慈善之门［EB/OL］.［2015－12－18］. http://finance.ifeng.com.

② 给中国的“扎克伯格”们打开做慈善之门［EB/OL］.［2015－12－18］. http://finance.ifeng.com.

美国的企业、家庭和个体之所以会如此慷慨，如此具有服务意识和公益精神，不只由于其拥有雄厚的经济基础和较高的个体收入。这一点从不同阶层的捐献额度占其总收入的比例中便可得知，由富人阶层主导成立的各种基金会确实在捐献总量上占优势，但美国最下层的穷人的捐款与收入比反倒高于中产和富人阶层。导致这一现象产生的更关键的原因是，慈善行为与人们对于自由的理解和追求直接相关。对比政府主导和市场主导两种不同的意识形态，相信前者的人往往对个体捐赠和服务的态度更为冷淡，因为在其观念中，实现社会保障和社会平等乃是政府的职责所在，个体生命的责任则在于跟从政府、维系自身的发展；反之，相信自由企业制度的人，则认为无论是市场的秩序，还是社会的和谐都包含于个人维系自由所需的责任和担当之中，唯有个体对社会积极贡献一己所能，才有机会最终保全自身的自由和利益。正是基于此逻辑，同意“政府有责任减少收入不平等”的人往往在进行社会公益活动时，无论是捐赠还是志愿者服务都远低于持相反论点的人。根据 1996 年的统计，不认同政府有责任去缓解收入不平等矛盾的人所平均捐出的慈善款是持相反观念的人捐赠的 4 倍。根据 2002 年的调查，认为政府在社会福利上支出过少的人群相较于持相反论点的人，无论是在返还店铺多找的钱、献血、为陌生人指路、还是为无家可归者提供相应帮助、约会守时等方面都较为冷淡和迟钝。①

由此可见，道德的沦丧并非是市场经济的必然产物。恰恰相反，它所依赖的自由主义、个体主义的理念反倒可能衍生出人们对于自主和责任的强烈的自觉意识。市场所主张的“自由”绝非绝对意义上的，它与责任本就是硬币的一体两面，真正理会自由精神的实质，就不可能、也不应该以此为借口来主张自己的一己私利，罔顾对于维护公共关系和社会秩序应承担的内在义务。将此理念推广到体育产业发展当中，便要求体育市场的相关企业主体、消费主体不只是关注一己的盈利和享受，更应该怀着同情之心、慈善之心，积极去实现对于社会公共空间和他人的责任，进一步增大

① 给中国的“扎克伯格”们打开做慈善之门［EB/OL］．［2015 - 12 - 18］．http：//finance. ifeng. com.

体育产业辐射面，同时扩大人民群众依法享用体育的正当权利。

具体而言，在体育产业经济弘扬“公益精神”以强化其道德正义性的同时，要求体育市场运营主体努力去强化体育公共服务的建设，而不仅只是一味投资利润回报高的行业。同时，这也意味着体育市场相关运营主体，甚至消费者直接利用本身的经济或组织能力去开展与体育相关的社会服务，如体育健身服务社区、体育康复的免费治疗、推广等；建立或赞助相关的体育活动团体或健身场地。如为社区建立相应的体育活动中心，赞助群众性的运动队；体育市场中的相关主体共同实施“精准扶贫”，建立应对欠发达地区、弱势群体等专门性的体育发展基金会；利用体育市场的整体力量设立有针对性的社会公益团队，不仅在社会出现重大灾难时提供必要的人员或物资支持，在平日也多进行募捐从而为社会公益贡献来自体育产业的一份力量……如此种种，一方面，既可以强化体育产业在经济领域中的道德正义，巩固体育市场运作的合法性基础；另一方面，也可以提高群众的体育热情，增强群众的体育消费欲望，从而反过来推进相关经营主体的持续盈利与发展。

相较于西方发达国家自由经济发展形态下“公益精神”的勃发现象，我国体育市场在这一方面明显滞后，甚至仍处于萌芽状态。绝大多数体育市场主体还只是停留在以自我盈利为目标的阶段，自发承担社会责任尚显不足。正是如此，我国体育市场的投资过度关注自身回报，较多集中在少数热门的体育消费项目上，难以推进市场门类结构的完善，具体到专项的体育慈善基金、公益活动项目，更是近乎空白。这充分说明，相关体育市场主体尚未成为实现体育资源正义分配的自觉力量之一。

第二节　政府伦理的缺位

政府作为国家公共权力的承载者和实施者，其政治、经济和社会管理等职能的有效发挥要建立在充分的合法性基础上。社会契约理论认为，政府的权力来自于人民对自身权力的让渡，所以对人民负责是政府必须要坚持和贯彻的基本原则。我国政府确立和维护执政合法性的唯一标准同样在于“全心全意为人民服务”。具体到体育产业方面，主要有两个要求：一是大力发展体育产业，推动体育市场的健康发展，激活并满足广大人民群众的体育消费需求，从经济层面上先把体育产业这一“蛋糕”做大；二是全力推进体育产业资源的正义分配，维护体育市场的有序竞争，促进区域间、城乡间体育资源均衡分配，保障不同人群体育参与机会的均等，从社会层面把体育产业这一“蛋糕”分好。党的十八大报告指出：“建设职能科学、结构优化、廉洁高效、人民满意的服务型政府”，以公民和社会为本位，把公共服务和公共利益作为社会治理核心。

但是，由于历史和现实、能力和期待之间的张力，部分政府机构、特别是地方政府部门的施政理念，未能始终秉承“为人民服务”“以人民利益为中心”的根本宗旨，出现了“当为”的缺失和“不为”的错位这一双重问题。政府的“当为”主要体现在相关政府机构，未能在体育资源的分配问题上发挥好宏观调控作用，致使不同区域间、不同主体在体育参与机会、体育权益享用方面出现了一定程度的分化和对立。同时缺乏政府与市场之间的良性互动，未能建立完善的市场法制，做好市场的后勤保障工作。政府加强对体育市场的宏观调控和必要监管是维护“公开、公平、公正”体育市场秩序、保护市场主体合法权益、促进体育市场健康稳定发展的重要保障。然而，政府的“不为”就会使其自身应有职能不能有效发挥，导致体育市场效率不能有效提升，市场秩序得不到有效维护，从而使体育市场多元主体的正当权益受到损害，体育市场出现的政府与市场争利、与民争利的乱象，就是政府“不为”的体现。

一、政府在体育产业发展中“当为”的缺失

我国的特殊国情以及所选择的社会主义制度决定了在体育产业发展过程中，政府要推进体育产业的合理布局和科学管理，要采取体育市场自由与政府市场管理并行的方式，处理好体育产业发展与改善民生的关系，确保体育产业发展符合社会和谐幸福的人道宗旨。因此，政府要加强对体育

产业发展的引导，发挥对体育市场的宏观调控作用，使体育产业在不断扩大经济总量的同时不偏离惠民生的发展指向。要实现上述目标，政府不仅要保障体育市场秩序，而且要运用行政手段适度调控，推进体育资源的正义分配。否则“共同富裕”“全面小康”的建设目标就无法实现，社会主义的公有制特性也就难以彰显。

长期以来，尽管我国政府体育相关部门陆续出台了体育产业发展相关政策，制定了体育产业发展规划，逐步健全和完善了体育市场管理规定，对体育市场发展进行了引导和必要调控，并取得一定成效。但是总体来看，体育市场在资源配置中的决定性作用尚未有效发挥，政府与市场的关系相对紧张。主要体现在两个方面：一是政府相关部门尚未构建完善的体育市场法制体系，没有将体育产业发展相关的各个环节纳入法治框架，体育市场时常面临无法可依、执法无据的尴尬境地。二是政府相关部门未能有效发挥对体育市场宏观调控的职能，弥补体育市场在资源分配上的盲目性，推进正义分配的落实。

其一，政府本应积极发挥自由市场的作用，建设体育产业发展多元化的市场主体发展模式，引导社会力量积极参与到体育产业发展之中，以打造全方位、多样化的体育产业发展格局。然而，现实的状况却是政府并未赋予体育市场足够的自主权，体育市场的多元发展格局尚未形成。

我国体育产业在经济总量中的占比之所以远比西方发达国家低，体育核心产业发展相对滞后，其重要原因之一是政府未能实现对体育产业发展的简政放权，其管理理念相对滞后。一方面，政府相关机构直接参与或干预体育市场，以致社会资本遭到一定的压制，其活力和动力难以完全的展现出来。另一方面，相关体育市场主体进入市场的门槛过高，行政审批程序相对烦琐和漫长。如此难免导致体育市场主体相对单一，自主权相对不足，这不仅会影响体育市场的健康发展，而且也会导致政府与市场之间的关系紧张，削减政府行政的合法性。

其二，政府应秉持多元、开放态度来激发体育市场的活力，以严格、认真态度来维护体育行政、体育市场、体育参与的法制秩序。通过依法行政、依法治市与依法治体的融合，为体育产业发展创造良好的法治环境。

使对体育市场中的违法违规行为治理都能有法可依、有章可循，并应给予相应的惩处，让体育市场多元主体的权利与义务得到平衡。

我国体育产业发展过程中出现的违法违规乱象，一定程度上正是因为政府在体育市场法制建设、市场监督管理上的缺位。在市场经济条件下，体育社会公平实现的实质是体育社会资源得到恰当分配，人们在体育方面的利益得到妥善协调，利益格局重新得到稳定。但在体育市场化过程中，体育领域出现新的利益集团，威胁体育的社会公平。因此，需要通过制度创新、完善体育法规体系强调非正式制度建设等途径来保障体育社会公平的实现。[①] 然而，自《中华人民共和国体育法》颁布之后，其修订和补充工作却迟迟没有跟进。虽然近些年来，政府也陆续颁发了不少体育法规和制度，但主要限于地方法，国家层面的系统法律制度并不多见，以致“立法层次与政策效力较低，国务院层面的政策及立法内容较少。”[②] 而且，这些法规的内容大都“较为宏观和笼统，多属于程序法而非实体法，对俱乐部运行的实体内容并无系统规范”[③]。这就导致诸多新的体育经济活动难以获取在法律上的明确定位，给政府的体育市场管理带来难题。

政府未能有效健全和完善体育市场相关法律法法规，使得体育市场秩序难以有效保证，多元主体的正当权益难以得到保障。与此同时，受体育行政管理权力过大，执法程序不合理和执法过程不透明等因素影响，导致政府体育市场管理中出现大量的人情执法、关系执法，使得法律和法规本身的权威被消解。虽然体育领域引入了司法，也进行了适用，但还是存在诸多司法界限模糊的问题，以致司法监督和裁决对体育经济违法违规行为的治理难以有效发挥作用。

其三，政府在体育市场宏观调控和体育资源正义分配上的必要性和重要性。政府的资源配置职能，是指其通过一定的经济活动或行政手段，

---

① 周传志．从市场到法治市场——体育社会公平视角管窥［J］．广州体育学院学报，2009（3）：5－7.

② 骆雷．体育强国建设中我国竞赛表演业政策研究［D］．上海：上海体育学院博士学位论文，2013.

③ 秦聪．基于中国国情形势下体育职业化发展及政府职能转变研究［J］．沈阳体育学院学报，2013（4）：11.

"引导人力、物力、财力等社会资源流动，形成一定的产业结构、区域经济结构等经济结构，优化资源配置结构，提高资源使用效率。"① 政府若要强化自身之合法性，就必须通过自身"有为"，使各类体育资源得到高效利用和公正配置，从而增进人民群众福祉，推进社会的正义分配，实现社会发展的效率与正义的并存。然而，在我国体育产业发展过程中，部分政府机构在进行初次体育资源配置时却因过度关注市场的经济效能而没有兼顾公平，其后也未能借由财税杠杆来推动体育资源二次分配的正义，最终导致体育产业发展与正义分配之间的失衡，从而促使东、西和城乡区域体育产业不协调发展，以及不同人群体育权益享有的不平等。

我国改革开放初期的"让一部分人、一部分地区先富起来"的发展思路，使得经济得以打破以往"平均主义"的发展瓶颈，在短时间内实现突破。然而，这一正确的发展思路却不得已建立在牺牲公平的基础上，致使经济欠发达的西部地区以及广大乡镇区域在资源占有量上偏少。"先富带动后富"是我国特殊历史背景下的经济发展思路，现如今如果依然按此思路发展经济，势必扩大区域间、城乡间的贫富差距，造成社会不公。为此，当先富地区发展到一定程度，政府应当利用宏观调控等有效手段来推动资源的二次分配，以缓和区域和人群间的矛盾，缩小其贫富差距，使全体公民都能平等地享受社会主义现代化的建设成果。

具体到体育产业，政府在二次体育资源配置过程中，有明显的"当为"缺失现象，不仅体现在政府对体育市场资源的引导上未能实现东部支援中西部、城市反哺农村，而且也反映在政府对西部地区和经济欠发达乡镇区域的体育公共服务等建设力度有待加强。一方面，"随着受教育程度的上升，人们对健康的认识、对体育运动的认同、对健康投资的接受程度、对体育消费的需求也就随之增加。"② 这也就意味着，想要改善西部地区、经济欠发达区域民众的体育生活品质，不仅需要加强体育市场的建设，还需要提升其教育水平。唯有提高这些区域民众的受教育程度，才能

① 温来成．政府经济学［M］．北京：国家行政学院出版社，2009：17.

② 奚红妹，等．中国城市消费者个体差异对体育消费观念和消费行为的影响［J］．体育科学，2010（3）：33.

在认识和思想层面推进体育精神的落实、体育活动的普及和体育消费的扩大。另一方面，需要通过中央财政扶持，大力建设上述区域的体育公共设施。近些年来，国家对东、西部，城乡发展不均问题高度重视，通过加大力度建设西部地区、经济欠发达乡镇区域公共体育设施，不断促进体育公共服务均等化。然而，“尽管政府部门积极推行基本公共体育服务均等化建设，重点倾向中西部地区体育场地建设，但是各区域之间的差异仍然较大”①。之所以如此，是因为政府对落后地区体育建设的重视程度和财政投入程度的相对提高，但是从绝对数量上看还远远不够。当然，要解决这一困局并不意味着要求中央政府倾尽一己之力去实现体育公共服务的均等化，而是要在政府直接辅助的基础上，尽力推进区域间体育产业发展的联动效应，激活落后区域的体育市场活力，使之能缓解公共体育资源不足的压力。换言之，我国落后区域体育产业要实现健康可持续发展尤其需要政府的简政放权，但现实却是地区经济越落后，政府对体育市场的过度干预越是明显，体育市场活力反倒越是不足，整体陷入恶性循环之中。如何打破经济落后地区体育行政与体育市场相互需要却又相互制约的诡异现象，自然也成为实现解决体育资源正义分配的重要议题。

其四，体育产业现有门类和结构上的不完善、不平衡问题，同样与政府在体育市场调控和体育资源分配上的缺位有密切关系。这一问题本是因市场“经济理性”导致的，即市场主体只依照消费和利润导向来进行投资，以致竞技体育弱势项目（但具有广泛的群众基础）所需的场地，以及弱势群体所需的体育产品和服务缺乏必要的资本投入，进而导致这些项目的爱好者无法全面参与到运动和消费中，他们平等的体育权益得不到保障。对此，政府应以出台财税优惠政策和市场合理干预等手段，切实保障竞技体育弱势项目的健康发展和弱势群体的正当体育权益。

---

① 李国，等．新世纪以来我国体育场地发展变化的实证研究［J］．西安体育学院学报，2016（2）：171.

二、政府在体育产业发展中“不为”的错位

体育产业是从事体育产品生产和利用体育自身功能及辐射作用创造价值的产业。20 世纪 80 年代以前，我国的体育是福利性事业而不是经营性产业。体育只花钱，不赚钱，主要由各级政府财政投入完全是在计划经济模式下运作。之后，开始了体育产业化的探索，但基本上是“企业投入，职能部门管理”的模式，俱乐部尚未形成完善的公司管理体制，未能真正做到自主经营、按市场规律生存和发展因此影响了企业投资的热情。

近几年，国家体育总局深化体育管理体制改革，直属事业单位行政、事业、社团、企业四位一体是体育行业深化管理体制改革面临的焦点和关键问题。体育总局党组对此问题组织进行了深入调研，明确了统筹考虑、试点先行、分类推进、分步实施的改革思路，进行改革的顶层设计，制定了《以运动项目管理中心和单项体育协会改革为突破口，深化体育管理体制改革的方案》。三大球改革方面：“足球项目要积极做好中国足协综合体制改革试点工作，改革创新管理模式和工作方式，完成好中长期发展规划纲要的制定工作，继续推进城市足球试点工作，积极配合有关部委推动校园足球、场地建设等。篮球项目要积极探索构建国家队与俱乐部互促共赢的合作模式，形成备战工作全国一盘棋格局；实施联赛改革，将监管与办赛职能分开，探索符合国情的职业联赛发展之路。排球项目要不断总结、完善国家女排复合型团队建设；以筹备建立中国排球学院为契机，做好各类排球人才培养工作，进一步推进联赛职业化改革。”①

国家体育总局局长苟仲文指出：“改革是未来中国体育发展的主旋律，当下我们没有别的路可走，还是要走改革之路，把市场和计划平衡好。”

我国体育改革的实质是实现体育资源配置力量和手段的根本性转换，在这个系统性的转换过程中，市场力量的培育是核心，这蕴含着两个方面内容，其一是逐步削弱计划行政指令力量；其二是逐渐扩大体育市场力量

① 且看体育总局如何啃“硬骨头”[EB/OL].[2015-01-06]. http://news.nen.com.cn/system.

及其作用的力度和范围，使之在体育资源配置中起决定性作用。[①] 然而，现阶段我国体育产业发展过程中，出现政府与“与市场争利”“与民争利”的“不为”现象。以我国体育职业联赛为例，体育行政部门、体育协会以及各个俱乐部三方在利益的分配上很难达成一致。体育行政部门不愿意放弃自己决定一切的主导地位，而协会公共利益最大化与俱乐部追求资本利润最大化又很难找到平衡点，这就造成联赛缺乏市场化竞争，经营效率低下，出现行政主体是受益方，社会资本是亏损方的尴尬局面。政府是体育产业的主导者，体育主管部门和协会掌握着大量体育资源。尽管《体育总局关于推进体育赛事审批制度改革的若干意见》指出：简政放权，取消商业性和群众性体育赛事活动审批，积极引入社会资本承办赛事。但长期以来，体育市场资源被政府垄断，如重大赛事衍生品销售、电视转播权销售、门票销售等，而这些恰恰是社会资本逐利益的主要方面。政府对资源的垄断无形之中就限制了社会资本进入体育市场。如赛事资源方面，国家大型体育赛事运营、场馆运营和赛事营销等，政府都掌握着绝对的控制权。由于政府的严格管制，从而使赛事的转播权、运动明星等资源的市场化程度较低。不仅如此，我国群众体育赛事资源的市场化程度也较低，如群众参与度高的跑步、骑行、羽毛球、游泳等具有广泛群众基础的项目市场化开发不足。[②] 场馆资源方面，2014 年国家体育总局调查数据显示：体育场馆利用率不高，居民在体育场馆从事健身活动、体育培训的年均频次为 135 次和 108 次，在体育场馆健身的占比只有 15. 3% 。[③] 其主要原因之一就是政府是体育场馆的投资主体，享受场馆所有权，经营方式主要以事业单位自主经营为主，以承包租赁经营，企业化经营为辅，缺乏市场化运营，导致体育场馆开放度不够，使用效率低下。

由于政府在体育产业管理中的过度行政化，在一定程度上引发了政府“与市场争利”的现象。政府以行政权力对体育产业实行高度管理，导致

---

① 郑芳，丛湖平．体育市场力量的培育：我国体育改革的核心［C］．武汉：第六届全国体育科学大会论文摘要汇编（二），2000. 12. 1.

② 中国体育产业专题研究报告［EB/OL］．［2015 - 8 - 12］．http：//www. analysys. cn.

③ 国家体育总局．2014 年全民健身活动状况调查公报［S］．2015. 11. 16.

市场的自由和秩序遭到破坏，体育市场规律的作用难以发挥，从而使体育市场难以在体育资源的配置中发挥决定性作用，体育市场多元主体的自由竞争受到限制。

以我国体育职业化发展为例，之所以发展缓慢，在很大程度上正是因为公权力干预和介入过多。从 1993 年开始，我国在足球领域率先实行职业化改革，由此也开启了国内部分体育运动项目的职业化发展。体育职业化发展本应是以市场和社会之力来推动，然而事实却并非如此。足球作为率先进行职业化的项目，其在近些年的职业化发展道路上，世界排名徘徊不前，甚至有明显下降的趋势，竞技水平不敢恭维。在世界杯赛场上，我国男足在 2002 年首次进入了世界杯决赛圈，让无数球迷为之振奋："中国足球从此站起来了！"然而，发展至今，我国男足却仅有那一次的高光时刻，从此以后在世界杯预选赛上再无亮点。在亚洲杯的赛场上我国男足的成绩也是差强人意。不仅如此，国少、国青、国奥足球队在国际足球比赛中竞赛成绩也乏善可陈。唯有近年在足球亚冠赛上，恒大淘宝足球队的表现让国人看到中国足球的希望。然而，纵观恒大近年的成绩可以发现，其之所以取得骄人成绩，完全是疯狂"砸钱"的结果。不只是足球，其他影响力较大、竞技水平较高的球类运动，如篮球、排球等职业化发展同样步履维艰。业内和社会有一种声音，认为我国体育职业化就是"伪职业化"。

为何体育的职业化会出现如此之多的弊病呢？其重要原因之一便是政府行政管理"不为"的错位："行政力量支配下的'双轨制'致使职业体育产权关系模糊；行政的过度干预导致职业体育市场主体地位缺失。"① 因此，部分学者将我国体育的职业化戏称为"伪职业化"，以表示职业化程度的不彻底、不充分。体育职业化和产业化发展，虽然使得部分运动项目打破了原有的管理体制，不再完全由国家来资金投入，而允许社会资本进入参与经营和管理，并按西方的职业体育俱乐部模式和职业联赛模式来运作球队和比赛，更为此在组织制度上成立以体育组织和个人所构成的相应

① 唐炎，等. 制约我国竞技体育职业化改革的相关问题探究［J］. 北京体育大学学报，2010（3）：20.

运动协会。但是，这些名义上为全国性群众体育组织的协会，往往却并非真正意义上的民间组织、社会团体，其内部成员和国家体育总局运动管理中心是一套班子。这也就意味着，管理部分已经进行体育运动职业化发展的运动项目实际上还是政府。政府相关部门不仅管理职业体育联赛的章程制定和组织运作，而且还参与到具体的体育运动市场发展、联赛资金分配等事务中，这就导致职业体育的市场主体——各大体育职业俱乐部其实是居于边缘化地位，自身话语权十分有限。然而，政府主导体育职业化而不能有效放权让利，自身却又不擅长微观领域的经营和管理，自然会出现“外行领导内行”的乱象。体育市场主体因为行政过度干预而失去自主权，自然也难以调动投资体育市场的积极性。如当年王健林宣布万达永远退离足坛，已侧面反映出我国职业足球发展环境的糟糕。

体育行政部门权力过大还导致体育市场腐败行为的发展，部分市场主体不靠实力而靠关系来谋取不正当利益。长期以来，我国体育产业在管理体制改革不彻底，未能真正实现政府与体育市场分离，以致“管办不分”“政企不分”“政事不分”。如此一来，导致政府既是管理者又是办事者，既是“裁判员”又是“运动员”。由于政府在体育市场的权力过大，却没有适当的制约机制，自然就容易导致权力寻租的问题。① 所谓权力寻租，指的是社会公共权力的掌握者，通过权力商品化的方式，将之进行明码标价进入市场去交换和竞争，以满足自身的经济、物质等利益，具体表现为权钱交易、权物交易、权色交易等。体育市场主体如果要经营逐利，必须要从政府手上获得本应属于它的权力，可由于其话语权不足，其只能通过正当手段来获取利益，如通过行贿、利益输送方式等进行不公平交易，这既破坏了体育市场自由公平竞争的秩序，增加了市场主体的经营成本，还导致消费者分摊行贿等成本，最终损害社会公共利益。

此外，政府在体育产业发展中还存在一定程度的“与民争利”问题。主要表现在部分政府部门利用自身权力，将过多的体育资源投入到竞技体育发展中，尤其是奥运项目和全运会项目，从而导致群众体育与竞技体育

---

① 古文东．竞技体育腐败现状剖析与建立防范机制的探讨［J］．体育与科学，2012（4）：94.

不协调发展。

在我国体育产业发展初期，特殊的国情决定将集聚大量优质资源，大力发展竞技体育。1984 年新中国第一次参加奥运会就勇夺 16 枚金牌，极大地提升了国家形象和国民自信。1995 年，“为了适应社会主义市场经济的发展，顺应国际竞技体育发展趋势和规律”①，原国家体委发布了《奥运争光计划》，其核心目标便在于“使竞技体育高效、快速、健康发展，夺取更大成绩，赢得更大荣誉，为实现我国第二步战略目标服务。”② 由此，我国竞技体育迅速发展，奥运实力上升到世界前列的位置。2008 年，北京奥运上我国的金牌数量更是高居世界第一。奥运会等国际项目取得的辉煌成绩为国家带来了极大荣誉，有力地增强了国人的民族自豪感和制度自信。而现阶段，随着我国综合国力和国际地位的显著提升，中华民族伟大复兴的软实力不断增强，“道路自信”“理论自信”和“制度自信”基本确立，人民群众的奥运金牌意识逐渐淡化，转而对美好生活的期许日趋强烈。国家主席习近平指出：“人民对美好生活的向往就是我们的奋斗目标”。因此，政府就需要转变自身的角色和职能，不再一味地将资源投入到竞技体育之中，而是加大群众体育发展力度。

体育产业化其实就是发展各种专业的体育市场，为体育与社会公众间搭建一个平台，使社会公众可以便利地投身、投资到体育中去，从而实现体育建设与民众需求的相互促进与共赢发展。通过大力发展体育产业，建设体育公共设施等，扩大体育市场相关产品和服务的供给，以满足人民群众强身健体、娱乐休闲、赛事观赏、户外体验等体育多元化需求，推进“健康中国”早日实现。

第三节　个体伦理的失范

个体作为体育产业的直接参与者，其价值取向和市场行为决定其体育

① 原国家体委 . 奥运争光计划 [Z]. 1995.
② 原国家体委 . 奥运争光计划 [Z]. 1995.

精神的完美程度和产业成果的共享状态。竞技体育活动中的相关从业人员如果能恪守体育精神，遵守体育规则，做到敬爱生命、努力拼搏、公正比赛，那么竞技体育场上自然能呈现出合乎正义且精彩纷呈的比赛。与此同时，竞技体育赛场也自然可以成为促进文化交流、推动和平发展的重要平台。体育消费中的各类消费者如果能实现人格挺立，端正价值取向，进行理性消费，体育用品、体育活动和相关服务，便可以成为促进身体健康、丰富精神世界的重要力量，生命也不至于因此被外物“奴役”，失去自由和自主的本性。现阶段，我国体育产业发展过程中，之所以出现“假球”“黑哨”“虚假年龄”等乱象，就在于部分体育职业从业者的伦理失范，即背离生命本真价值取向，丧失体育职业操守，违背公平公正竞技规则，以致在金钱、利益、政绩等的诱惑下，为达目的不择手段，肆意破坏体育竞赛秩序；部分体育消费者由于缺乏正确的人生导向和良好的道德修养，以致消费价值观出现扭曲，不是为了自身自由、全面发展而消费，而是为了虚荣进行盲目和非理性消费。

一、体育职业从业者的伦理失范

职业体育从业者包含多重主体，但与竞技体育直接相关的主要有三个：运动员、教练员和裁判员，这三大主体虽然角色不同、分工不一，但其异化的实质却是相近的，即都容易受权力、金钱、名誉和左右，出现悖逆人生本真追求、有违体育精神的行为。

职业体育人员之所以会违背伦理规范，主要原因有三个方面：

一是道德人格未能完全挺立，价值取向有所扭曲。依孟子思想，人之所以为人，最根本标准即在于奉守“仁、义、礼、智”，并以之来安顿自我和他人的生命。所谓“仁”就是要具备“恻隐之心”，即尊重他人的生命，在他人生命面临苦难的时候能起不忍之心。运动员在竞技赛场上为了胜利不惜伤害对手身体，教练在体育训练中悖逆运动员的年龄或身体成长规律而要求其超负荷训练，即是因其内心不具有“仁”，不能以恻隐和不忍之心来对待生命。所谓“义”就是要拥有“羞恶之心”：能对自身之行为时时内省，做到“耻己之不善”，能对他人的行为进行必要监督，做到“憎人之不善”。竞技体育场上部分运动员之所以恶意犯规等行为屡禁不止，甚至愈演愈烈，一方面，是因为运动员缺乏对自身行为必要的审视与反省，以致产生“不以为耻，反以为荣”的取向；另一方面，是由于其他运动员对上述不正当行为不能给予必要的抵制，采取纵容和默许的态度。所谓“礼”即是要树立“辞让之心”。孔子曾对古时射箭比赛中的人格修养进行描绘：“君子无所争，必也射乎！揖让而升，下而饮，其争也君子。”① 现代竞技体育中正是由于缺乏这一“礼让”精神，才容易陷入一味争胜之中，以致不择手段来影响和压制对手，如在赛前制造各种中伤对手的新闻，赛后则将责任推到对手犯规、裁判不公等方面。所谓“智”则是指确立“是非之心”，能分辨善恶、好坏，并对之分别采取相适宜的公正手段予以规避。部分运动员、教练和裁判之所以会屈从于权力的压迫或金钱的诱惑，正是因其“是非之心”不足，不能分辨人生的正确价值取向。

二是职业操守丧失，缺乏对体育本真精神的理解和坚持。抛开个体道德层面不说，竞技体育表演业作为体育产业市场的核心构成，它能产生巨大的经济价值。以欧美竞赛表演业为例，全美体育竞赛表演产业，总产值1986年约为94亿美元，1998年即猛增至1296亿美元，12年间激增近13倍。从1992年创新的英超杯足球联赛后，英国足球产业突飞猛进，大量电视资金以及商家赞助流进各家俱乐部的金库，2003—2004年赛季收入增至13.3亿英镑，在欧洲各国联赛中一直居“冠军”并形成一种自成体系的强大产业。② 可见，竞技体育表演业能够成为运动员、教练员等职业体育人员谋生和发展的行业，但可以肯定的是，竞技体育表演业离不开观众的参与和支持，如果没有观众的消费则不可能构成体育市场。因此，作为职业体育从业者要维护竞赛秩序，恪守职业道德，提升竞技水平，不断提升赛事质量，抵抗物质、金钱、名誉等的诱惑，拒绝“假球”“黑哨”等。唯有如此，体育赛事才具有商业价值。而观众之所以消费是为了欣赏公平公

---

① （宋）朱熹．四书章句集注．论语集注［M］．北京：中华书局，2010：63.

② 方达儿．欧美体育竞赛表演产业快速增长的经济动因及其启示［J］．武汉体育学院学报，2006（12）：40－44.

正、激烈优美的体育比赛，而不是观看虚假、不公或者充斥暴力的比赛；是为了享受竞技体育所展现的力与美、超越自我的顽强拼搏精神，而不是观赏违背公平竞技的丑陋行为。

三是民主、法制意识薄弱，正确的体育价值观未有效树立。竞技体育场上和场下诸多不正义现象的存在，如区域参赛名额分配不公、联赛升降级制度不合理、教练员内定参赛队员、运动员滥用违禁药物、裁判员不公正的判罚等。职业运动员在面对阴阳合同、俱乐部威胁其虚假比赛等情况，不敢、不愿站出来反抗，即是因其自认地位不平等所致；而不能、不会用法律的武器维护自身的权益，则又是因其未能养成用法律维护自身正当权利的习惯。上述现象之所以大量存在，原因之一便是竞技体育参与人员的法制观念淡薄，规则规范意识不强，体育价值观扭曲，导致竞技体育成为个人的附属品。与此相应，教练员、裁判员以及政府体育主管部门工作人员等能够以“人治”方式来主导参赛队员选拔、设定比赛胜负，既与运动员维权意识不强有关，又与体育竞赛制度不合理有直接关系。因此，职业运动员要端正竞技体育价值取向，不被不良价值观侵蚀，并善于运用法律武器来维护自身正当合法权益。

二、体育产业消费者的伦理失范

体育产业消费者之所以会陷入“拜物教”“拜身体教”，出现“球场暴力”“辱骂球员”“贪图享受”“消费炫富”等异化现象，其主要原因有以下三个方面：

一是部分消费者对体育运动价值认识不足。体育运动是人类从古至今的一项重要活动内容，它不仅能强身健体，促进体格生长发育，而且还能完善人格，促进人际关系和谐。正如前北大校长蔡元培所言：“完善人格、首在体育。”在我国近60余年的发展过程中，群众体育的广泛开展，科学健身知识的不断普及，体育在促进身体健康发展方面的功能已被全社会所认可。随着我国经济社会的快速发展，人民群众可支配收入不断增加，闲暇时间增多，人们的健康意识大大增强，于是通过体育健身消费促进身体健康成为常态，这为体育消费市场提供了广阔的发展空间。但与此同时，伴随着经济的快速增长，我国开始由传统社会向现代社会转型，由计划经济向市场经济转型，由此引发人们在思想道德和价值观领域出现一系列困惑和问题。一些传统美德受到冲击，被鄙视的不良道德行为却日益盛行。① 就体育市场消费领域来讲，也出现了消费者在生活目标上追求享乐、炫富媚俗等价值观迷失。其原因之一就在于部分消费者在并未能充分认识到体育消费的正确价值，未能有效确立自身正确的体育消费价值观。对城市居民的体育消费对象进行调查发现："几乎所有被访者每周花在观赏型体育消费上的时间远远高于花在参与型体育消费上的时间，说明我国整体体育消费处于中等偏低水平。"② 之所以存在参与型消费少的现象，同样在于消费者对体育消费的价值认知不足，仅停留在放松心情、打发时间层面，未能利用参与消费来促进身心和谐、增强人际交往等。因此，有人指责我国的体育消费者没有像西方发达国家体育消费者那样，对体育健身和休闲活动的理解那么深刻，不是真正热爱体育运动而仅仅是为了追求时髦，像暴发户一样肤浅可笑。

二是部分体育消费者的消费自律能力不强。体育消费异化的原因之一是：消费者对体育消费目的认知不清，消费自律能力不足，以致消费价值观遭到扭曲。当前，我国已全面解决温饱，正在向全面小康社会迈进。经济发展水平决定社会物质财富的充裕程度。国家统计局统计数据显示："我国城镇居民人均可支配收入已从 2003 年的 8472 元增加到 2013 年的 26955 元，2014 年我国人均 GDP 已达到 7575 美元。"可以预见，未来我国体育健身消费需求会日趋强烈，与人民群众生活质量提升密切相关的赛事观赏、健身培训、体育用品、运动器械、体育旅游等需求将大大增加。而体育消费体育作为个体享受和提升生活质量的途径之一，自然也就成为不错的选择。

---

① 何建萍．转型时期社会价值观迷失的客观分析［C］．上海：上海市社会科学界第五届学术年会文集，2007. 6. 30.

② 奚红妹，等．中国城市消费者个体差异对体育消费观念和消费行为的影响［J］．体育科学，2010（3）：34.

现阶段，“‘花钱买健康’式的体育消费已成为一种消费时尚，广大居民的体育消费观念逐步转变，体育健身意识不断增强”。[①] 然而，大众体育消费观的兴起和流行并不代表其消费目的的清晰与正确。体育消费作为发展性、服务性消费，并不是基础性的生存消费，因此不是以物品而是以自我提升为中心来展开的。部分体育消费者却并未认识到这一点，没有意识到进行体育消费不再仅仅是为了满足物质需要和娱乐需要，而是要以满足身心和谐、发展个体、生活幸福为目的。体育消费目的的不正确，会使部分体育消费者在体育健身、体育休闲、体育旅游等过程中，受到享乐主义和消费主义等负面价值观的侵蚀，陷入简单的商品崇拜和娱乐至死的消费误区之中，以致体育消费活动和体育消费对象开始成为异己的存在。享乐主义的侵蚀会使体育消费变成满足物质欲望、身体欲望的工具，而不是达成放松精神、和谐身心的重要途径。消费主义的侵蚀会使得部分体育消费误将消费视作能力和品位的符号、沦为标榜自身和炫耀自身的工具，[②] 以致忽视体育消费所具有的强身健体、丰富精神、促进人际关系交往、提升审美等应有功能。

此外，体育消费者本身的自律能力不足，对不良价值观难以抵抗，这也是产生消费异化的重要原因。

三是部分消费者的体育道德修养不高。以一己情绪和喜好来评断和影响体育竞技比赛，也是体育消费异化的重要原因之一。在观看体育赛事过程中，观众往往带有自身的情感偏好，如将体育比赛贴上爱国“标签”，在体育比赛中过分“追星”等，这本无可厚非。但有部分体育消费者在竞技体育比赛现场或场外观赛过程中却会被一己情感所支配，当自己所喜爱和支持的运动员或运动队获得胜利就感到欢欣鼓舞，失败了则感到痛心疾首，甚至因此将沮丧的情绪演变成发表辱骂运动员和裁判等的不当言论，出现打砸物品、冲入赛场等扰乱竞赛秩序的过激举动。这些非理性行为充

---

① 李国，等．新世纪以来我国体育场地发展变化的实证研究［J］．西安体育学院学报，2016（2）：168.

② 赵胜国，等．全民健身国家战略下体育消费观的时代意蕴及其实现路径［J］．武汉体育学院学报，2016（5）：5－11.

分说明部分体育消费者的道德素养不高，并不理解体育竞技内涵的公平竞争、互相理解、友谊团结的价值，而粗暴地以为体育竞技就是胜败的运动，奉行的是“成王败寇”的霸王逻辑。因此，体育观众消费者一定要更多地体味体育的本真旨趣，要明白体育竞赛不仅只有胜负，还包含着人类对于真善美的无限追求，要懂得观看比赛的目的不只是满足自身的娱乐和情感需求，更在于提升自身人格、促进身心和谐。

第四章

我国体育产业发展问题的伦理应对

我国体育产业发展的伦理问题归根结底与体育自身的特质密切相关，这也是它区别于其他产业的伦理问题的关键所在。在社会主义市场经济条件下，体育产业化是我国由计划经济向市场经济转型过程中的产物，它是相对于体育事业完全依赖国家拨款的福利性事业来说的。这是因为，体育产业既要遵循市场的规律，又要凸显其公益性的特点，不能完全市场化，坚持社会效益与经济效益相结合（主要还是社会效益）。如何规制体育产业化的发展不偏离这个目标，只有端正体育伦理价值取向，来矫正体育产业化发展过程中出现的异化、过度商业化、区域发展不平衡等不良现象。

现代体育作为人类扩大发展权益而非谋求生存空间的手段，意味着我国体育产业的发展目标不在于提供基本的经济保障和生存权利，而是产业发展方式“绿色”转型、社会公共服务的“均等”取向和个体健康、体面的生活方式。当前我国体育产业的发展问题正是在一定程度上与这些目标相悖。体现在：体育市场未能充分依照“绿色”宗旨来开展，以致市场主体在运营和交易过程中出现盲目逐利，罔顾生命安全与生态平衡等问题；在体育市场管理中未能完全践行“正义”理念，以致发生政府与市场、民众争利的不良现象，出现资源分配在项目、区域间的两极分化；在体育产业参与中未能全面按照健康要旨来进行，以致职业赛场上出现不少恶意伤害行为，在体育消费中存在一定的拜物现象。

鉴于体育产业重要的经济、政治、社会和文化功能，如何治理体育产业发展过程中出现的伦理乱象，建立体育产业的长效发展机制，已然成为我国经济建设和“健康中国”目标落实的核心议题之一。作者认为只有以社会主义核心价值观为引领，构建完善的体育产业发展伦理体系，才能塑造体育产业发展所需的良好的社会伦理氛围，为体育产业的多元主体提供有效的、正向的价值引导。在稳定提升体育产业发展效率的同时，消解体育市场、行政及个体层面所出现的伦理异化现象。为此，可以从以下三方面着手：一是规范体育产业发展中的市场伦理行为。体育产业作为国民经济的重要构成部分，对于推动国民经济的发展具有重大意义。若要持续发挥体育产业的经济价值，必先规范其内部各类市场主体的行为和端正其价值取向，树立“经济理性”的社会责任感和道德正义性，以避免发生盲目的“逐利”“拜物”现象，无视市场的应有伦理规范，破坏市场的有效竞争和正常秩序。二是强化体育产业发展中的行政伦理导向。政府作为体育产业发展的管理主体，对于促进体育产业发展效率和体育市场资源正义分配责无旁贷。为此，就必须准确定位政府角色，实现“管理型政府”向“服务型政府”的转变，落实政府与市场、政府与公民之间“权、责、利”的正当划归，避免“与市场争利”“与民争利”的悖逆现象。三是端正体育产业发展中的个体伦理价值取向。提高体育产业发展中的个体道德建设水平，通过提高体育职业从业者的职业道德建设水平，实现体育竞技赛场的“真、善、美”；通过提高体育产业消费者的消费伦理建设水平，树立“消费为人”而非“人为消费”的消费理念，规范民众的体育消费行为和调动体育参与积极性，落实“健康中国”发展理念。

第一节　规范体育产业的市场伦理行为

诺贝尔经济学奖得主阿马蒂亚·森针对长期以来经济学与伦理学相脱节并演变为“道德中性”或者“不讲道德”的学科现象，认为经济学已沦落为工程学，即“只关心最基本的逻辑问题，而不关心人类的最终目的是什么，以及什么东西能够培养‘人的美德’或者‘一个人应该怎样活着’等这类问题。在这里，人类的目标被直接假定，接下来的任务只是寻求实现这些假设目标的最适手段。较为典型的假设是，人类的行为动机总是被看作是简单的和易于描述的。”① 历史上的经济学本是作为伦理学的组成部分而存在，它关注的是真实的人，即不仅追求财富，也追求财富以外的精神和心灵满足的人。与之相对，经济学若是不重视伦理问题、无伦理的特征，则不仅是伦理学家的悲哀，也必将导致经济学的贫困，削弱其判断力和说服力。因此，必须重新将伦理问题注入经济学的研究范式中去，以层次更为丰富的真实的人作为行为主体来审视经济行为，才能使经济更为健康、持久的发展。

体育产业作为当前政府重点关注和培养的朝阳产业和绿色产业，若要持续发挥其经济和社会效益，必先切入伦理的视角，即完善和规范各类市场主体的价值和行为取向。因为，如果将体育产业所带来的经济效益视为结果，那如何实现这一结果的途径则是其手段。只注重结果的有效性，忽略手段的合德性，那不仅会使得结果本身的正当性遭到质疑，也必将使得结果实现的持续性、有效性大打折扣。为此，体育市场主体应树立“责任意识”和“契约精神”，构建市场竞争的“自由秩序”，以避免发生盲目的逐利和拜物现象；丰富产业结构和门类，强化社会担当，发扬“公益精神”，以满足民众体育参与需求和激活民众体育参与热情，实现经济反哺社会，社会反推经济的良性循环；落实其“绿色产业”的定位，坚持走与生态、环境相和谐的发展路线，以推动自身，乃至整个经济生态圈的转型升级与健康发展。

一、促进体育市场主体的合理自由竞争

我国体育产业近年来之所以快速发展，就在于运用了市场手段，通过融合私人和社会性质的各类资源来发展体育经济，扩大体育活动整体的影响力和普及范围。因此，体育产业发展的首要目的就是推进国家经济的整体发展，并逐渐使自身在国民经济发展中发挥更大作用，成为扩大内需、

① 阿马蒂亚·森．伦理学与经济学［M］．王宇，王文玉，译．北京：商务印书馆，2000：10－11.

解决就业的新增长点。体育产业若要确保自身在“量”上的高效、持续增长，前提便是构建并维系市场内部的合理竞争秩序。因为，唯有竞争才能推动“经济理性”作用的最大化，才能推动社会物质积累的高效化；而唯有实现合理竞争，才能遏制“经济理性”的工具化，使市场盈利与消费者权益、社会担当有机地结合在一起。

要推进体育市场的合理竞争，维系市场内部的“自由秩序”。首先，必须构建市场主体之间的和谐关系。一方面，要实现体育市场既得利益主体与那些尚待进入的潜在市场主体的和谐发展，坚持市场发展的多元主体生态，防止单一化和霸权化的市场主体发展模式。体育产业坚持走多元化主体的发展路径不只是为经济目标，而是在更大范围内吸纳社会资本的参与，同时也是经济伦理的内在诉求。无论是在古典自由主义或新自由主义理念的主导下，市场经济的核心价值理念始终都在于“自由”“开放”和“包容”，正是有了它们，市场才有了活力和效率。对于体育产业而言，若要扩大其发展规模、提升其经营效益，体育市场主体就必须秉承自由的精神和开放的情怀，通过让自身之外的其他社会资源的进入，来实现市场内部的良性竞争与循环，而不是一味依赖于政府或集体的力量，又或让市场成为单一主体的“一言堂”。

当前我国经济转型升级是从“需求侧刺激”转变为“供给侧改革”，前者是借助政府对于社会基础设施等的大力投入来实现，后者则在于让市场主体自我去弥补和解决相应领域的不足。为此，就必须坚持市场主体的多元融入和自我调控，防止市场主体中的既得利益者施行市场霸权，排挤其他尚处弱小、尚待进入的主体，以真正实现市场的自我兼容和发展壮大。

首先，应推动体育市场内部既有主体之间的良性竞争，以维系体育市场整体环境的优化与善化。体育市场经济为各种资本进入体育产业创造了条件，但体育市场的自由和竞争，却也可能使企业陷入一味的逐利和拜物情结之中，使之遗忘维系自由所需的责任，保持市场活力所需的必要秩序，最终导致企业间的某种恶性竞争。因此，就必须强化企业对于体育市场整体健康发展的责任意识，明白企业间关系的实质是对立统一的矛盾体，彼此其实是互为前提、相互依存的关系，共同构成和维系着整个体育市场的和谐。因此，从事体育生产或经营的企业之间唯有通过合法、有效的竞争方式才可以维持体育市场整体的良好秩序，进而为彼此持续的盈利提供有效支撑，最终形成互惠、共生、共赢的局面。体育市场主体若不明白自身与他者、整体之间的互补关系，一味采用高价或低价的恶意竞争来逐利，那最终结果只能是两败俱伤，甚至导致整个体育市场在社会的诚信崩塌。

其次，推进体育市场主体的合理竞争，意味着体育市场主体必须秉持对产品或服务负责、对消费者负责的态度来开展经营。无论是从事体育具体物品生产还是提供体育服务的企业，其实现自身经济效益的途径必然是被消费者所消费，而消费者之所以消费的是因为企业所提供的产品的属性、质量能满足其消费的需求，企业所经营的服务能合符其心理的预期。① 反之，若是产品质量不过硬，服务态度不到位，那么消费者必然难以对这些企业产生信任，其消费行为也必然难以长久。换句话说，体育企业或许可以因为宣传效应等吸引到相应消费群体的首次购买，但若想消费者进行反复的消费，实现自身的持续盈利，那必然需要不断提高其所经营的产品和服务的质量，并在与消费者的买卖关系中遵守信用原则，尊重消费者的知情权，做到价格上的童叟无欺，售后上的无微不至。唯有如此，才能切实维护相关企业自身和各类消费者的权益，并通过消费者的认可逐渐树立企业的品牌形象，激发消费者的体育参与热情，增进其消费信心，并最终为整个体育产业的健康成长奠定坚实的群众基础。

二、增进体育市场主体的社会责任担当

体育产业最为明显的特质和形态是经济，但其经济功能的实现却离不开社会的参与即民众的消费，经济建设的最终目标则是指向社会的善化。换句话说，体育产业是作为社会的有机组成而存在，体育市场主体应当尽

① 姚站军．探求产业伦理［J］．自然辩证法研究，2012（5）：52－53．

力克服“经济理性”的私利视角，自觉利用自身的经济建设能力和财富来承担相应的社会责任。体育市场主体承担社会责任，并不意味着违背市场的效率原则，也不一定就会削减自身的经济收益。因为，从长期来看，体育市场主体为社会善化所做的贡献往往会转变成激发民众体育热情、提升民众体育消费的动力，进而反向推动体育市场在规模和收益上的扩大。具体而言，体育市场主体增进自身的社会担当可以从以下三个方面着手：

第一，体育市场主体应当克服短期逐利的思想，而需要利用自身的经济建设能力推动功能发挥、门类齐全的产业体系的构建，并发挥其丰富多样的产业联动性去促进周边产业的协调共进。当前，我国确立的调整产业结构，实施“供给侧改革”的发展战略，其目标正是以产品和服务的质量为根基，为拉动内需营造良好的市场环境：“以质量发展战略引领经济转型升级，以质量品牌提升推动经济转型升级，以质量技术基础支撑经济转型升级，以质量社会共治促进经济转型升级，着力把本地区质量工作提高到一个新的水平，共同推进质量强国建设，努力推动我国经济社会发展迈向质量时代。”[①] 落实这一发展战略，体育产业自然就需要不断提升其服务质量。为此，首先就需要发挥其自身独特功能，完善其门类，不能只是依照市场盈利高低将资本投入到极少数热门项目之中，以致整个体育产业结构出现畸形发展，市场的多样化需求无法得到满足。反之，体育市场主体应当做到急群众所需，为百姓日常的体育消费、体育活动提供更多样的选择，更具层次的产品，哪怕是照顾到少数人、少数地区的体育消费需求。不仅如此，体育产业在质量和功能上的提升还必须建立在其业态的扩大基础之上，为此就需要积极发挥体育产业的联动作用，在通过借助与之相关的产业融合发展来进一步丰富自身的产业结构体系的同时，提升自身产品和服务的专业化水平以及技术含量。

第二，体育市场主体不能一味投资在利润回报高的行业，还应该扩大并落实其社会公共服务的价值追求，推动体育基础设施的广泛建设。体育

① 梅克保．科学运用质量促进经济转型升［EB/OL］．［2016－11－24］．http://www.gov.cn/xinwen.

产业的发展最终必须依赖于广大的人民群众，他们作为体育市场消费的终端，对体育的活动热情和消费欲望决定了体育产业能否存在并盈利。因此，体育产业的发展就需要积极发挥其对于社会公共服务的功能，以使得民众得以有相应的体育基础设施和场馆等来开展活动，在体育活动过程中激发体育热情，以最终养成健康、持续的体育消费习惯，推动体育经济发展和社会效益提升。而且，我国体育产业是由体育事业转变而来，两者之间虽在发展手段上不同，但社会主义公有制的经济基础、共同富裕的发展目标，却又必然预示着两者之间难以分割的关联性。这就意味着，以市场主导为核心的体育产业同样还应努力扩大其对社会公共服务的贡献作用，做到自身发展与成果共享的相辅相成、彼此共进。

第三，体育市场主体还应弘扬“公益精神”，直接采用公益的方式，实现经济对社会的反哺、富裕对贫穷的扶持。这也就意味着，相关体育市场运营主体需要利用一己的经济或组织能力去开展与体育相关的社会服务。如体育健身服务社区、体育康复的治疗、干预方法推广等；免费建立或赞助相关的体育活动团体或体育场馆建设，如为社区建立相应的体育活动中心，赞助群众性的运动队；体育市场多元主体共同建立针对经济欠发达地区、弱势群体等专门性的体育发展基金；利用体育产业的整体力量建设专门性的社会公益团队，在社会出现重大灾难时提供必要的人员或物质支持，在平日也多进行募捐为社会公益贡献来自体育产业的一份力量……如此种种。一方面，既强化了体育产业在经济领域中的道德正义，巩固体育市场运作的合法性基础；另一方面，也可以提升群众的体育热情，扩大群众的体育消费欲望，从而反过来推进相关经营主体稳定、持续盈利。

三、强化体育市场主体的生态文明意识

体育市场的健康发展不仅需要体现“量”上的经济增长和门类扩大，而且需要从“质”上推进自身和整个产业生态圈的善化。从 2014 年国务院印发的《关于加快发展体育产业促进体育消费的若干意见》所提到的“推动体育产业成为经济转型升级的重要力量”的指导思想中可以看出，

体育产业的发展是现阶段我国经济转型的重点领域。其中实现经济与生态的完美融合，正是体育产业作为“绿色产业”的定位所指。

体育产业应该坚持实现与生态和谐的可持续发展模式，推进整个体育产业结构的优化。改革开放三十余年来，我国经济社会发展取得举世瞩目的成绩，其发展动力主要来自于工业制造。这种粗放式的资源密集型发展模式，在推动经济腾飞的同时也导致了生态环境的严重破坏，如何缓解人类和自然、经济和环境之间的矛盾已然成为我国社会继续前进迫切需要面对和解决的难题。对此，体育产业的健康发展可以成为其中的有效突破口。因为，体育产业主要以服务业为主体，相对于各种工业体，不仅能更为密集地吸纳就业，在资源消耗及废气排量方面的危害更是几乎为零。这对我国经济在缓解资源约束、缓解减排压力方面无疑是大有裨益的，可以为经济的工业化主导向城市化主导转型，向低碳经济转型提供切实的动力支撑。为此，首先，体育市场主体应该加快自身服务性质的转向和建设，让体育服务行业在整个体育产业中的占比不断扩大，以改变现有以体育制造业为主的体育产业结构。其次，体育市场主体在建设和运营体育服务性项目，尤其是大型球类运动，如高尔夫、足球场等的建设过程中，应当维系好场地建设与区域生态之间的平衡，不能只求一时效益，罔顾自然林木或鸟兽的生存空间。

第二节　强化体育产业的行政伦理导向

市场效率的实现一方面容易因“经济理性”的私利性导致恶性竞争，另一方面也会导致市场和社会资源的分化甚至板结化。为此，政府就必须对体育产业进行一定的管理和引导，在保障市场的高效与健康的同时，维护社会正义，推动社会主义现代化建设成果共享。

政府要实现体育产业的有效管理，须做好以下三个方面工作：一是转变发展理念，明晰自身“服务”定位，处理好政府与市场、政府与公民之间的关系，以防止对市场干预过度，以国家本位侵害公民体育权益等问题；二是强化政府及行政人员的法治思维，从立法、执法、司法三个维度上，保证政府自身、市场及个体的行为都能被纳入有效的法治框架，从而建设依良法而治、依善法而行的和谐体育；三是合理调控体育资源分配，以弥补体育市场效率带来的资源两极分化现象，利用行政等手段推进社会资源的二次分配，维护不同区域民众、不同体育项目爱好者的资源正义分配，充分体现社会主义制度的优越性。

一、提升政府对体育产业发展的服务意识

我国体育产业发展过程中，政府因过于强调自身的管控作用，导致对市场管理过度，使市场主体缺乏足够的自主性，无法形成自由、公平的竞争环境，以致产业的经济效能受到一定程度的限制，影响其有效发挥；因过于强调国家的主体地位，从而对竞技体育的关注和投入过大，影响了群众体育的健康发展，未能将体育建设成果惠及广大民众。所以，要促进体育产业经济效能的持续扩大，实现体育产业对民众的服务宗旨，就需要政府顺应时代潮流，明晰自身在体育产业中的服务定位，实现“管理型政府”向“服务型政府”的过渡，进而深化管理体制改革、改变体育管理相对滞后的局面。

首先，政府应当强化体育产业发展为人民所服务的意识，这种服务不仅是国家荣誉、民族尊严的呈现，更应该体现在民众体育参与的切实权益的保障和扩大上。换言之，政府必须改变以往以国家利益代表个体利益、重竞技体育而轻群众体育的体育产业建设思路，实现个体与政府、与国家之间、竞技体育与群众体育之间的齐头并进。

在意识形态对立严重、国家整体落后和民族自信薄弱时期，以举国之力发展体育，实现竞技体育的辉煌，无疑是合理和必要的，因为这样才合乎“好钢用在刀刃上”的理念，在短时间内实现我国国际地位和综合国力的迅速提升，民众的民族自信增强和自豪感的不断扩大。当前我国无论是在综合国力还是竞技体育的层面上，都已成长为一个名副其实的体育大国，世界范围内的意识形态对立也逐渐在淡化，至少其斗争方式和斗争内

容已发生转变，不再是简单的旗号宣传，而是更为实际的经济发展和民众福利。这就意味着政府对体育产业的态度和职能也该发生相应的转变，要懂得提升民族自信和增强国家荣誉感的根本路径不在于竞赛胜利，而在于真正让民众的身体素质提高，幸福感增强。政府不能再过于重视意识形态而举全国之力发展竞技体育，而需要发挥体育产业服务社会、服务民众的功能，强化对群众体育的投入和管理。

我国从 1984 年洛杉矶奥运会金牌零的突破，到伦敦奥运会以 38 枚金牌、88 枚奖牌分列金牌榜和奖牌榜的第二位。30 多年间，我国早已成为名副其实的体育大国，奥运会不再仅仅是证明自己地位的舞台，而更应该是传递体育精神的力量，展现体育强国的风采，倡导“热爱运动”的生活理念。奥运强国的方针，也已悄然向体育强国改变，它关乎体育经济的拉升，关乎全民健身和社会体育的推动，也将奥运和民众关心更紧密地联系到了一起。

当前，我国《奥运争光计划》不能放弃也不应该放弃，依旧需要借助民众对奥运比赛的热情来增强国家自信和民族凝聚力。与此同时，也不能再将竞技项目的地位看得过重、抬得过高，需要将体育项目的建设重心转移到奥运弱势项目和非奥运项目上，唯有实现体育项目的全方面发展，才能满足民众多样化的体育需求和权益，实现为民服务的根本宗旨。为此，政府就需要全面促进体育产业的发展，为群众体育的广泛深入开展提供体育物质和精神文化产品，让广大人民群众的体育需求得到满足，生活质量得到提高。总之，政府应该遵循体育产业发展的基本原则，“坚持以人为本，必须牢固树立以人民为中心的发展思想，以保障人民群众的体育权益为着眼点，充分调动人民参与体育的积极性、主动性、创造性，进一步激发和调动各方活力，不断满足人民群众日益增长的多元化体育需求”。①

其次，政府应当树立为体育产业市场主体服务的意识，尊重市场在资源配置中的应有地位，坚持深化管理体制改革，实现更为合理的放权让利。历史经验证明：在现有的生产条件下自由市场才是提升生产效率的最

① 国家体育总局. 体育发展“十三五”规划［Z］. 2016.

佳手段。当然，由于市场自身的局限性，光靠市场这只“看不见的手”并不能够解决所有问题，效率和公平之间难免产生冲突。这就意味着，政府既不能完全退出体育产业发展过程，只让体育市场的竞争机制、价格机制等支配生产，也不能过分干预体育市场，破坏市场自由竞争、扰乱市场秩序，而是要为体育市场提供合理且有效的管理服务。

目前体育市场管理体制最大问题不是管理不够，而是干预太多，导致在一定程度上压制了市场的自主性，未能充分借助社会资本、个人资本、民间公益组织等力量来发展体育产业。因此，政府必须要深化体育产业管理体制改革，增强服务意识，坚持“推进政府职能转变，把该放的权力真正放下去，把该管的事情切实管起来，提高科学管理水平，促进体育事业持续健康发展。”① 以积极的姿态引入社会力量来推动体育产业发展。

具体来讲，政府深化体育管理体制改革，减少不必要的体育市场干预，给予市场主体更为充分的自主权，需要做好两方面的工作。一是政府要实现管办分离和政企分开。政府一定要明晰其与体育市场职能和作用的差别，清楚区分两者的界限，不能够直接干预市场主体的生产和经营活动。体育市场主体需要自由的竞争环境，根据市场的需求来进行自主经营、自负盈亏，从而最大程度提升市场效率，扩大生产总值。二是政府要加强对体育产业发展的宏观管理，解决体育市场难以解决的问题，如公共物品提供、产业结构调整和区域布局等，为体育市场发展指明正确的方向，营造良好的发展环境。

根据体育市场与政府的职能分工，要实现管办分离和政企分开需从以下四个方面入手：一是让国家体育总局和地方体育局所属的各运动项目管理中心与运动协会真正脱钩，政府专心做好管理工作；二是改革体育行政审批制度，减少审批事项，去除体育市场准入人为设置的不当门槛，主要以法律监督市场的模式运行；三是积极发展体育社会中介组织，如各单项运动协会，参与或承担体育产业管理职能，减少政府对市场主体的直接干

① 曹彧，刘昊宇．国家体育总局进一步学习贯彻国务院机构职能转变动员电视电话会议精神［N］．中国体育报，2013－5－15：001.

预；四是改变政府财政投入的方式，对国有控股企业，应该利用法人治理结构进行管理，聘请职业经理人展开对企业的日常经营运行，政府不再干预企业日常的事务，等等。在做好上述四个方面的过程中，一定要注意处理好改革、发展与稳定的关系，既要加快改革，也要考虑各方承受能力，不能因为急于改革就忽视体育产业的稳定与发展，改革一定要循序渐进。

最后，国有体育产权管理与政府公共体育管理的职能要分开。我国政府作为社会公共权力机构，要发挥其政策导向作用，为体育市场主体创造自由、公平竞争的环境。但政府同时又是国有资产所有者的代表，是体育市场主体的一分子。为了避免造成职能交叉和混乱，政府一定要界定清楚国有体育产权管理与公共体育管理的界限。要逐步解决体育产业中行政垄断的管理问题，以培育多元的市场主体，鼓励体育市场主体间的自由、公平竞争。为此，需完善对国有体育资产的监督和管理，维护既有出资体育市场主体的各项合法权益，完善相关体育企业经营业绩考核体系，健全国有体育资本经营预算制度等。①

二、健全政府对体育产业管理的法制体系

目前我国体育产业发展过程中出现的诸多伦理问题，一方面是由于相关市场主体道德意识不强，另一方面则是体育产业法制体系不健全所致。因为相关体育产业立法的不健全，导致诸多体育市场违法行为无法可依、惩戒无循，影响到市场秩序的维护；由于体育市场执法的不严，致使人们不将问题的解决诉诸法律，而是通过勾连各种人际关系来消解；当出现体育市场纠纷又没有相关司法适用时，不得不寻求私下和解。凡此种种现象在我国体育产业发展过程中屡见不鲜，层出不穷，不仅破坏体育市场的正常秩序，而且容易引发市场诚信危机。

体育产业要健康发展，必须将其纳入法治的框架中，因为“法律手段与体育资本市场维护和管理的经济手段、行政手段是相辅相成的，而法律

---

① 温来成．政府经济学［M］．北京：国家行政学院出版社，2009：30.

手段具有特殊作用，是经济手段、行政手段不可替代的”。[①] 政府作为国家的权力机关，其重要职能之一便是建立和健全法制体系，只有不断完善法律法规，才能有效限制政府的权力，防止其权力过大和滥用权力，打击恶意破坏市场竞争秩序的行为，给市场主体自由竞争营造良好的外部环境，确保运动员、教练员等体育职业人员在法律框架内行事。总之，健全体育产业法制体系，实现依法治体、依法治市、依法行政，才能从法律上规范体育市场、行政管理和个体参与的行为，促进体育产业健康发展。

展开来讲，健全政府对体育产业管理的法制体系，需要从立法、执法、司法及法律监督三个层面加以完善和深化。

首先，通过修订《体育法》为体育产业发展提供法律保障。《中华人民共和国体育法》是体育基本法，诞生于20世纪，在我国体育产业发展过程中起到了一定的推动作用。然而经过二十多年的发展，我国体育产业发展的历史场景与时空境遇已发生深刻变化，体育传统行业与新兴业态的相互融合，体育市场管理与治理的协同推进，产业结构与资源配置的逐步优化等，迫切需要加快修订《体育法》相关条款。当前《体育法》中所涉及的体育产业相关条款迟迟未能修订，造成我国体育产业发展中的不少新矛盾、新问题无法找到法律适用条款。这使得部分体育市场的纠纷和违法行为在法律适用上无可遵循，导致各种利用法律漏洞进行不合理操作的行为屡禁不止，而且也使政府在体育产业相关软法和制度订立上失去参照。因此，政府相关部门需组织相关力量，针对体育产业发展过程中遇到的法律困境，加快修订《体育法》相关内容，为体育产业的健康发展提供基本的法律保障。

此外，政府相关部门也应积极完善体育产业相关的软法和规章制度体系，努力实现“以《体育法》为核心，涵盖体育工作基本方面，层次分明、衔接配套的体育法律法规体系日益完善”。[②] 相关政府机构要加强体育产业重点领域的科学立法，并做好规章与法律、行政法间的衔接，协调与

---

① 曲新艺，孙晓芳．体育资本市场秩序确立和维护的研究［J］．广州体育学院学报，2012（4）：36.

② 国家体育总局．落实《法治政府建设实施纲要（2015—2020年）》实施方案［Z］．2016.

体育规范性文件之间的关系，避免重复立法和法律冲突等。[①] 做到中央和地方政府出台的体育产业相关法律法规与规章制度，不仅要辐射到体育产业的方方面面，而且在内容上要具体翔实、切实可行。这也就意味着，政府不能局限于完善体育产业程序法，也应该设定更多有的放矢的实体法，如针对职业体育俱乐部正当权益、体育行政管理的职能划分、体育无形资源的商业使用、体育市场主体责任和权利等都应有清楚规定，并通过法律条款予以规范。

其次，相关政府机构应努力提高行政执法的水准和发挥司法监督的效能。体育市场的健康运行，离不开政府精准且严格的执法管理。只有体育市场管理部门"运用法治思维和法治方式推进体育改革发展和解决体育领域问题的能力普遍提高"，做到有法必依、执法必严，才能推动"体育行政决策科学民主合法，体育行政权力规范透明运行，体育法律法规严格公正实施"[②]；也才能消减公权力管理过程中的人为偶然因素，瓦解"寻求关系""依靠势力"等方式导致的不正义问题，增强法律在体育市场主体、参与主体之间的威信，推进法治理念的深化和践行。

除了执法，政府在体育产业发展过程中的司法工作也应该加以强化和继续探索，以做到违法必究、有罪必惩的公正裁决。唯有司法的有效和公正，才能强化法律对于行政力量本身、市场及其他参与者的规范效能。反之，若是司法在体育产业中适用不清、裁决不明，则必然无法遏制各类违法现象的频发，引发体育产业领域不守法、不公正的环境危机。

最后，政府相关部门要健全体育产业法制体系和完善法律监督机制。体育市场法治建设是全社会的共同责任，必须形成政府实施、各职能部门齐抓共管、全社会共同参与的格局。在当前体育产业发展过程中，普遍存在协调配合不够紧密、权力寻租和滥用等诸多影响体育市场法治建设的不利因素。如何破解这些瓶颈，强化保障措施，推进工作落实，成为当前体育市场法治建设进程中亟须解决的问题。要解决好上述问题，一是要完善

① 国家体育总局．体育发展"十三五"规划［Z］．2016.

② 国家体育总局．落实《法治政府建设实施纲要（2015—2020年）》实施方案［Z］．2016.

行政法律监督机制，包括行政内部监督、法院监督和社会监督等，通过这些监督机制，有效限制行政权力滥用、权力寻租等行政乱象；二是要完善经济法律监督机制，监督国家资源的开发、社会资本的运行，使之能够在法律规定的范围内生产和经营，通过公平竞争来增加自身的收益、推进市场整体的有序运行。三是要健全和完善法治体育市场协调配合机制。抓好体育产业普法宣传，开辟体育市场电视法制专栏节目、报纸专栏、门户网站、手机报等，不断创新体育产业法制宣传教育方式方法。

三、优化政府对体育产业资源的正义分配

体育市场“经济理性”在实现效率的同时，也难以避免资源分配上的不公平、非正义。体育市场非正义现象的存在及其扩大，又必然反过来抑制市场的效率，影响社会的稳定。为此，既需要体育市场主体增进并落实自身的社会担当，发挥一己的“公益精神”，确立市场道德正义；还需要政府相关部门发挥自身职能，通过税收等二次分配途径，有效推动体育资源正义分配的实现。

政府作为体育产业资源的最高分配主体，其分配制度的完善、合理与否，分配程序和结果的公正与否，决定了人民群众能否自由、平等地分享国家发展的成果，能否保障自身正当的体育权益。社会契约理论认为，理想的政治或社会制度应该保障个体所享有的自由和权益的平等。社会主义的本质要求也正是要打破阶级和区域的不平等，最终实现个体的全面发展和社会的和谐稳定。

然而，我国在改革开放之后坚持走中国特色社会主义这一正确发展路线，在经济发展上引入市场手段，它既促进了社会物质不断丰富，人民生活水平不断提高，同时导致了整个社会在区域和阶层上的不断分化，导致不同地区、不同群体在资源利用机会和享用上的不平等。体育产业作为我国经济整体的重要组成部分，不同地区的发展水平必然会受到该区域既有经济水平和民众体育消费观念、消费能力等的影响，呈现出差异和差距。而且，这种区域间的差距不只体现在体育资源的直接分布和持有上，还反

映在教育、行政等多个方面，这会间接导致体育产业资源的分配不公。

除体育产业受到区域经济发展水平的影响外，因自然条件、地缘优势等的不同，也同样会影响体育产业资源分配的不均。正是上述因素，造成了我国体育产业在城乡以及东中西部发展的不平衡，也导致了个体之间在体育资源占有和享用上的贫富差距，这些问题的日益扩大已然演变成为当前我国体育产业持续健康发展的“拦路虎”，如若不能及时加以矫正，势必影响体育市场规模的壮大和体育产业结构的优化。

因此，政府作为公共体育资源的分配者，一方面，因地区间、区域间自然条件、经济条件的限制，不能采取绝对平均主义的方式来调节体育资源分配，否则必将导致体育生产效率低下，而应承认地区间和区域间在体育资源占有上的差异；另一方面，也应该努力通过行政或市场调控手段去尽力缩小这种差异，将其控制在一定的限度之内，避免因体育产业资源分配不公，影响其健康可持续发展。换言之，政府虽然目前无法消除就体育市场化所引发的体育资源和消费能力在区域和个体之间造成的不平等现象，但对于那些更为基础性的、公共性的体育资源则必须坚持平等和公平的分配原则，甚至是对于经济欠发达区域、弱势群体给予必要的政策倾斜，以真正实现体育公共服务的均等化发展，尽力让每一个公民享受到国家发展所取得的成果。

具体而言，政府要优化区域间体育资源的正义分配，需要制定科学的公共政策，以适当调整资源配置，给予中西部和乡村以政策倾斜、优惠和财政支持，以带动其体育产业的快速发展。如将彩票公益金重点划给中西部和乡镇的相关体育部门，使它们有更为充裕的资金来发展当地的体育产业；政府通过降低税收、免税或财政补贴等手段，引导社会资本、企业资本投入中西部和乡村地区，促进其体育产业发展；国家层面则应继续重点支持乡村和中西部体育建设，大力推进“雪炭工程”“农民体育健身工程”“全民健身路径”等项目的建设，以推进体育基本公共服务的均等化发展。当然，在此过程中要避免政府官员为了追求政绩而做“面子工程”，更有甚者将财政补贴等中饱私囊，以致公共体育场地、全民健身路径等设施的质量不过关或者维护不到位，使经济欠发达地区民众无法真正享受到政府利好政策所带来的实惠。

政府推进体育产业的资源正义分配，既要关注和解决中西部、城乡的分配差距问题，还要尽力消除体育产业门类和结构不合理现象。由于当前我国体育产业门类划分呈现重少数奥运项目、热门健身项目，轻新兴体育项目的格局，以致在体育消费需求升级加快背景下，健身体验消费、体育网络消费、体育中介消费、智能化产品等消费需求无法得到有效满足。为此，政府需要通过财税优惠措施来吸引民间资本进行体育市场投资；或动用彩票公益金，对具有发展潜力的新兴体育业态和小微体育企业进行培育和资金扶持；鼓励符合条件的体育企业发行企业债券，募集资金用于多样化体育产业项目的开发等，[①] 以推动体育产业在地区间和城乡间协调发展。

总而言之，体育产业要实现健康可持续发展，不仅要扩大体育产业规模，优化体育产业结构，打造体育产业品牌，提升体育产业经济总量，而且相关政府部门要通过有效举措，解决因地区和区域经济发展不均衡所带来的体育资源分配不公问题，并运用合理的行政手段或政策杠杆，促进体育公共服务的均等化，推进体育资源的正义分配，让广大人民群众共享社会主义发展成果。

第三节　端正体育产业的个体伦理取向

体育产业的发展最终是为了实现个体生命的自由、全面发展。但现实中，部分职业体育从业人员却因缺乏道德素养和丧失竞技原则，体育消费者因存在消费误区，致使个体在体育竞技或参与体育消费中陷入“拜物教”“拜资教”，扭曲了体育和生命的本真价值。[②]

① 国务院．办公厅关于加快发展健身休闲产业的指导意见［Z］．2016－10.

② 在第二章的论述中，主要是依照马克思的劳动异化理论来诠释体育职业从业人员的异化问题。马克思将异化归咎于私有制，其解决手段则是革命。然而，这一解决路径正如马克思的绝对正义的实现方式那般，与当前我国的经济和政治形势不符，因此本节主要是依照“异化”的一般界定，即“主体与客体的分离与对立”来对之进行解决，主要目的在于规范既有体育从业人员在竞技中的恶性竞争、拜资本教等问题，而非企图批判私有制和市场化来寻求答案。

针对体育产业发展过程中个体伦理层面出现的异化现象，整体上可以通过强化个体对社会主义核心价值观的认知与认同来消解，以敬业、诚信、友爱等精神品质挺立个体的道德人格，以自由、平等、民主等社会理念重塑个体的主体性，以文明、和谐、公正等交往准则推进个体间关系的和善。具体来说，需要分门别类进行差异化的引导，对体育职业从业人员的竞技异化，需要强化道德人格，发扬敬业精神，以树立其公平的竞技态度和培养诚信的竞技精神，营造公平公正的竞技体育环境；对体育消费异化者，要树立其对体育价值的正确认知，强化其体育精神，提升其体育参与热情，改变异化的消费心态与理念。

一、强化竞技体育参与者的道德修养和职业操守

体育从业人员的劳动，本应助力其身心健康发展，但一方面因外在环境，如行政权力、资本力量等的影响，往往难以完全自主控制自身的行为（对此上文所述的市场、政府层面已有涉及，故不再赘述）；另一方面也因个人职业道德水平不高和职业态度不端正，致使难以树立正确的体育价值观，无法抵抗外界给予的诱惑和压力，导致劳动成为破坏和阻碍从业人员获取自身主体性、实现身心和谐的异己力量。

体育职业人员若要通过自身的努力摆脱劳动异化，就必须要坚持以下三点：一是充分认识人生和体育的本真追求，实现生命的道德人格挺立，从而消除胜利至上的错误观念，回归到公平竞技、享受体育的正确路径上来；二是增强自身的敬业精神，以对比赛负责、对观众负责的态度来规范自身的行为，做到努力拼搏、诚信比赛；三是强化自身的民主和平等意识，面对赛场内外的不公正待遇、不公平现象，勇于直面和监督，运用法律的手段维护自身的合法权益，保障赛场的优良秩序。

首先，体育从业人员必须挺立生命的道德品行，坚持体育的本真精神，树立友爱的人生信念和公正的竞技原则，做到尊重生命、公平竞技、公正裁决。说一千道一万，个体生存于世无非就在于如何对待生命一事，这又可分为如何对待自己和他人两个面向。因此，个体道德品行的首要标

准，也是终极标准其实就在于敬畏和热爱生命。个体首先应该珍视自我的生命，尊重生命的合理欲望，克制自身的不合理欲望，进而推及开去，实现自我与他人之间的友爱和仁慈。这也正是孔子一以贯之的“己所不欲，勿施于人”“己欲立而立人，己欲达而达人”的“忠恕之道”的核心价值所向。对体育职业从业人员而言，同样应该以敬畏生命作为自身道德人格的基础来对待。职业教练员若是能依此而行，便自然能够依照身体和心理的固有法则来对运动员进行科学训练和规范参赛，而不致为了提升竞技成绩而戕害运动员的身心健康。职业运动员若能依此而行，便自然不会服用违禁药剂以损坏自身身体；在赛场上也能够尊重对手，不对之进行恶意伤害；在体育竞技中能够依照公平原则来进行，以保证他人与自身的生命尊严和正当权益。裁判员若是能依此而行，便自然能够公正裁决比赛，以保证运动员的生命和付出得到公平公正的对待。

体育的本真精神在于生命的律动和提升，而绝不在于胜负，胜负只是体育竞技的结果呈现，提升生命的品质才是体育产业的目的和意义所在。运动场上的各类体育职业人员，唯有秉持对自身和他人生命必要的尊重和敬畏，才能真正实现竞技体育中对和平和正义的追求，也才能使自身回归到人之为人的根本之处，实现自我人生的圆满。反之，若是陷入对胜负的争执之中，则必然生起诸多错误的执念，并因此扭曲自我生命和对体育的本真追求，使体育竞技场演变成钩心斗角的功利场，而非生命升华的“处女地”。

其次，体育从业人员必须秉持敬业精神，以对职业、对观众负责的态度来要求自身，以诚信原则来规范自身的行为。职业运动员之所以踢假球、教练之所以操作选拔、裁判员之所以吹黑哨等，从外在环境看，是因受到金钱或权力等的诱惑；从内在原因论，则是他们丧失了敬业精神，缺乏对于本职工作的敬畏和坚持。敬业精神作为体育职业人员审视与衡量自身身份的重要内核，可以有效影响其思想和行为指向。若是相关职业体育人员对本职工作有准确的认知和尊重，便自然能依照相应原则来行事。反之，若是缺乏敬业精神和职业道德，那本职工作自然容易沦为谋取私利的手段。

提升职业体育从业人员的敬业精神，一要提高其对本职工作的认同感和归属感，进而让其自觉培养职业道德素养。为此，必须加强体育职业从业者的专业培训，并组建相应的、联系紧密的职业团体，通过培训以深化其对于自身职业的认知，提升其专业技能，或借助团体组织交流，从情感上深化其对自身职业的认同。唯有如此，才能有效提高体育职业人员的道德水平，让教练员做到保护运动员，科学训练、规范组织；运动员尊重教练和裁判，做到公平竞赛，诚信参赛；裁判员坚持公正裁决、遵纪守法，维护良好的竞赛秩序。二是提升体育职业人员的法律意识。通过集体学习、赛场宣传等形式，增强体育职业人员的守法意识。不仅如此，还要指导体育职业从业人员如何运用法律手段来维护自身的正当权益。三是体育职业人员要充分认识到劳动对其自身的价值，劳动不仅仅在于满足物质、金钱、荣誉等需求，更重要的是它能促进身心的全面发展和幸福生活最终实现。因此，职业体育从业人员有必要将自身从事的项目或工作融入自身的生命之中，让体育职业精神来熏陶和提升自我生命品质。

最后，体育职业从业人员要树立公平公正的竞技体育价值观。面对体育竞技赛场内外出现的不合理、不公正现象，能够积极运用法律手段来维护赛场正义。在职业体育环境中，常常会出现因体育市场主体过度逐利、行政主体政绩需要等，对运动员、裁判员等提出不合理的要求，如职业体育俱乐部要求运动员签阴阳合同，利益集团迫使裁判员吹黑哨，以及体育选拔不公开、不公正等。面对这些有违公平公正原则的竞技乱象，相关体育职业人员要积极树立维权意识，熟悉利用法律武器来维护赛场正义，而不能一味无视或顺从。我国法律赋予体育职业人员依法维权的权利，体育职业人员应该自觉、主动地了解与竞技体育相关的法律规定，明晰维权的具体途径和方法，捍卫竞技体育正义。

二、提高消费者对体育运动价值的理性认识

体育产业最终的服务与消费对象无不是鲜活的个体生命，正是由于无数个体的切实需求，才促成了体育产业的形成和发展，他们是体育产业健

康可持续发展的根本所在。体育运动所具有的对个体生命健康、丰富精神文化生活的多重功能，对于个体之生命和谐、全面发展无疑是大有裨益的。然而，部分体育消费者却未能真切认知到体育运动和体育消费的真正价值，以致陷入对商品、对面子的盲目追求，又或只注重体育的身体功效而忽略其精神价值，只观赏比赛却少有亲身参与等消费异化之中。

若要消除体育消费中存在的种种异化现象，促使体育消费者切实参与到体育运动中去，以借体育之功效推动生命的自由、全面发展，首要的便是确立其对体育运动价值的准确且全面的认知。唯有当其真切领会、感受到体育运动对促进身心健康的巨大价值，才会激发出更高的参与热情，而不再陷于商品崇拜或偶尔为之的参与，进而借由体育所带来的促进身心健康效应推动自身的道德挺立，提升自我的生命价值。换言之，体育运动价值的认知、践行和个体生命的成长以及道德的挺立其实都是一体的两面，前者的深入能推动后者的实现，后者的强化则能落实前者的发展。因此，消解体育消费异化的路径无须诉诸个体道德，而应该正视体育本身的价值与实现。

具体而言，竞技体育和休闲健身等活动对个体自由、全面发展所具有的价值可以从两个方面展现出来。一方面，体育锻炼可以为个体的身体、心理健康提供营养，为个体生命的成长和健康奠定基础。现代社会所带来的高强度的工作和竞争环境，往往使得个体身心遭受压力，长久不得疏解，自然容易引发各种身体和心理疾病。通过进行科学、适量的体育运动则可以有效强化人体的机能和不断改善心理健康状况：一是体育运动可以改善人体的肌肉力量，进而增强骨强度，减缓骨质疏松的病症。美国骨科教授 Frost 在 1999 年的国际骨质疏松研讨大会上指出，在神经系统调控下的肌肉容积和力量是决定骨量及骨结构的重要因素。二是体育运动还可以起到塑造人体的合理身型、改善血液循环、增强心肺功能、预防相关疾病、延长人类寿命的作用。2011 年 8 月底，丹麦哥本哈根市 Bispebjerg 大学的彼得·舒诺尔博士（Dr. Peter Schnohr）在欧洲心脏病学会的会议上，作了运动与长寿之间正相关关系的报告。此外，他还在报告中提出了剧烈运动对于提高肺活量、改善血小板聚集、稳定血脂水平、提高心脏功能、使人体不易发炎、提高免疫力、降低患肥胖症概率等有十大益处。三是体育运动有助于提升身体的反应能力和协调性，强化大脑的观察、组织等能力。体育运动对于人体协调及人脑思维的积极效能在诸多的科学实验中也被反复地证明，美国加利福尼亚大学琴森教授研究发现："经常从事体育锻炼可以促进脑细胞的反应速度，进而决定个体的思考能力，甚至是智商高低。"① 四是体育运动还可以有效提高人的情绪控制能力，培养积极向上的价值观，克服抑郁、焦躁等不良心理。科学合理地进行体育运动则可以降低肾上腺素感受体的数目和敏感性、降低血压和心率、稳定血糖，从而使得人们在面对意外和困境时能够减轻应激反应，使得情绪保持平衡和冷静，减少紧张、焦躁等负面情绪对人体的影响。由于体育运动大都是在户外进行的，使人经常融入自然之中，心情自然也容易更为开朗和积极。五是体育锻炼还有利于提升个体的和谐交往能力、培养个体健全的人格。一方面，大多数体育活动都是在与他人的相处、协作中进行，这为运动者打开新的世界、学着去接纳他人提供了良好的平台。另一方面，体育运动所强调的尊重生命、和平友爱、奋勇拼搏、勇攀高峰、坚韧不拔等精神和品质，可以推进个体的道德挺立，为塑造其健全人格提供重要路径。现代社会影响最大的奥林匹克运动，在其宪章中更是明确界定了体育运动所应具备的人格和精神导向："使体育运动为人类的和谐发展服务，以提高人类尊严；以友谊、团结和公平竞赛的精神，促进青年之间的相互理解，从而有助于建立一个更加美好的和平世界。"

总之，体育运动的参与者通过对自我的训练体会到生命的律动和美好，从与队友的合作中感受到关爱与友谊，从与对手的对抗中领悟到拼搏和奋斗，从赛场的失败中领会到坚韧和不屈，从竞技的胜利中收获到尊严与自信，这些成果的获取无疑又能极大地推动个体生命境界的提升，使其能够勇敢地面对生活中的各种困境，做到笑对人生、成就自我。

若要将体育运动这些功能有效发挥出来，一方面，离不开体育市场的大力发展和体育公共服务设施的全面建设，如此才能为体育运动提供足够

① 李响．体育锻炼对心理健康的效应分析［J］．辽宁教育行政学院学报，2006（8）：132.

的商品、服务以及场地设施，从而在硬件层面上保障体育活动对个体和谐、全面发展的塑造作用的发挥；另一方面，更离不开体育消费者自身端正的消费态度和积极的参与热情，唯有广大民众深刻认识到体育运动的本真价值，乐于直接参与到体育运动中来，才能切实感受和享用到体育运动对自身身体、灵魂的塑造功效，也才能抵制拜物教等体育消费的异化。

那么，如何才能端正消费者对于体育价值的全面而正确的认知，这既需要从国家层面加强体育价值的宣传与引导，摆脱以往以意识形态主导体育参与和体育观赛的方式，树立民众对于体育活动更为真切而务实的理解，进而提升其消费和参与的热情，提高体育在民众日常生活的地位和作用。又需要体育市场在宣传上加以改进，不能一味为吸引眼球和消费，夸大体育运动中非核心价值，而能够更为科学、理性地引导观众参与体育消费，以避免其停留在娱乐、观赏、甚至赛场暴力的维度。更需要体育消费者确立自身的主体性，在体育实践中体验，而不只是人云亦云随大流。唯有如此，体育所具有的价值才能真切地深入人心，体育消费者也才能最终形成参与体育、享受体育的自主与自觉。

三、加强体育市场运营主体的道德自律

我国体育产业发展过程中出现的诸多乱象，造成了一定的负面影响，阻碍着体育市场的健康发展。加强对体育市场的道德治理，既需要通过健全法律法规来予以规范，还需要加强体育市场运营主体的道德自律。自律和他律是对体育市场主体约束的两个方面，两者相辅相成，他律是自律的基础，最终要转化为自律。加强体育市场运营主体道德自律主要从以下三个方面入手：

一是提高体育产业市场运营主体的道德意识。道德是一种社会意识形态、价值规范和行为准则，它依靠社会舆论、传统习俗和内心信念维系，具有教育、导向和激励功能。道德能促使体育市场运营主体在经营过程中自觉、主动地遵守市场规则，维持市场秩序，做到社会效益优先，社会效益和经济效益相统一。在体育市场中，强化市场运营者的道德意识，需要

加强市场主体的道德教育，使他们自觉遵守体育市场规则，规范市场交易行为，防止市场异化现象出现。

二是构建体育产业市场运营主体道德自律机制。道德自律机制主要表现为体育市场主体内在的一种道德调节机制——良心。良心是“个人在履行对他人和社会的道德义务的过程中所形成的一种深刻的责任感和自我评价能力”。[①] 这种责任感对市场主体的行为具有调控作用，即制约作用和监督作用。体育市场运营中，体育市场主体要做出“善”的选择，不断提升道德自律意识，树立正确的市场价值观，防止不当市场行为出现，自觉抵制不正当利益的诱惑。

三是培育体育市场运营主体正确的道德价值观。道德自律离不开内因，即自我道德意识和良心的约束和监督，也离不开外因，即良好的社会道德环境。社会道德通过社会宣传和道德评价、道德赏罚等方式共同作用，起到对个体道德的调控作用。外在道德标准评价通过市场主体的内化，达到自律的目的。要通过网络、电视、报纸等媒介引导社会正向体育市场舆论，广泛宣传体育市场的行为规范，形成社会广泛认可的体育市场道德评价机制。

① 唐凯麟. 伦理学［M］. 北京：高等教育出版社，2001：173.

第五章

我国体育产业发展的前景展望

随着我国体育产业发展的不断深入，其所蕴含的巨大经济潜力逐步得到释放，对国家、经济、社会等的积极作用也不断凸显。因此，体育产业发展议题已经上升到国家层面，中央和地方不断出台利好政策，逐渐形成系统完善的体育产业发展政策体系。随着政府不断深化体育体制改革、积极转变自身职能、给予大量政策红利，越来越多的社会资本得以进入体育市场，体育产业结构、产业布局将会更加合理，体育产业的门类和功能也将更加丰富和齐全，并将在不久的将来成为我国国民经济的支柱行业。我国体育产业的高效发展可以满足人民群众不断增长的多样化的体育需求，促进其身心健康发展，为健康中国、体育强国的实现贡献巨大力量。我国体育产业健康可持续发展，实现美好愿景，需要秉持创新、协调、绿色、开放、共享的发展理念，借鉴发达国家体育产业发展的经验和教训，充分挖掘我国体育产业发展的固有优势，培育新的经济增长点。

第一节　他山之石：国外体育产业发展的价值取向

体育产业起源于英国，其资产阶级和贵族按照市场经营的方式建立和运行俱乐部，由此开启了英国体育产业发展历程。随着英国将越来越多的体育项目进行市场化，其经济效应也逐步显现，市场规模不断扩大，体育产业发展日趋成熟。到了19世纪，西方发达国家的体育产业呈现健康快速发展态势。美国在体育俱乐部的基础上，建立和完善了职业体育联盟制。

欧洲将体育产业化发展与自身区域体育特色有机融合，形成新型俱乐部经营体制。此后，职业体育（竞赛表演业）逐渐发展成为体育产业的支柱产业。到20世纪90年代，随着民众物质生活水平的进一步提升，其直接参与体育的热情和体育人口基础得以扩大，体育健身休闲业获得巨大发展机遇，并由此成为体育产业的又一支柱。至今，在大多数发达国家，体育产业已经成为整个国民经济的重要组成部分，甚至成为经济增长的核心产业之一。

国外体育产业完善的市场法制、健全的市场机制、有效的政府调控等经验，可以为我国体育产业发展提供有效的参考与借鉴。国外体育发展过程中所存在的一些不足与教训，如市场自由过度、转型升级过快等，则应该引以为戒，尽力避免我国体育产业发展重蹈覆辙。纵观国外体育产业发展的历程，可以发现其主要包含自由、契约、公益及爱国等价值取向，正是这些端正的价值取向推动了其体育产业的快速健康发展，并取得巨大成就，这些宝贵的经验对我国体育产业发展的具有重要参照和帮助。

一、国外体育产业发展的经验与教训

国外许多发达国家的体育产业发展环境和水平在一定程度上优于国内，其取得成功的先进经验，如体育市场在体育资源配置过程中作用的积极发挥、合理规范的政府管控、良好的体育产业法治环境营造、体育市场品牌的积极塑造等，对我国体育产业发展具有很强的参考和借鉴意义，学习他们的成功模式和先进经验，以更加科学、合理地规划我国体育产业的未来发展。对于外国在体育产业发展过程中所出现的弊端，如过度推崇市场作用，以致市场风气与秩序遭到破坏，以及在转型过程中反应过激，使得体育产业链出现断裂等，则应该引以为戒，避免我国体育产业发展出现类似状况。

将国外体育产业发展的先进经验加以归纳，大致可分为以下三个方面：

一是充分发挥市场在效率和资源配置方面的决定性作用，不断提高政府对市场的调控能力。体育市场能够极大提升社会生产和生活的效率和质量，是资源配置的决定性杠杆。英美等国的体育产业之所以如此发达，是因为其较为充分地发挥了市场在体育资源配置中的重要作用。美国、英国、意大利等为典型的市场经济国家，其体育产业的发展主要依靠市场规则，属于“市场主导型”。[①] 体育产业始于英国，兴于美国。美国作为当下全世界体育产业最发达的国家，却几乎没有严格官方文件意义上的体育产业政策，其原因就在于它主要是遵循市场自身的规律，尊重体育市场的开放性和多元性。[②] 与欧美国家相比，日本、韩国等在体育产业的发展起步时间较晚，但却在短时间内取得了重大成功，日本更是成为当今世界三大体育产业市场之一。这些国家之所以能在体育产业发展先天条件不足的情况下，实现后天的超越，就在于国家和政府层面的大力支撑、调控，即通过制定大量利好的体育产业政策，有重点地发展体育特色产业，有选择地支持体育企业，有针对性地扶持体育融资机构发展，以此来扩大体育市场规模，提升体育产业发展质量。[③]

在体育产业发展缓慢的情况下，积极发挥政府力量促进体育产业发展是必要的。但需要注意的是，政府的资源优势和调控效能往往是有限的，也是需要节制使用的，以市场来主导体育产业的发展才能最大程度激活生产的效率、实现资源的充分流动。概而言之，在体育产业基础薄弱时，可以积极借助政府的调控来发展，但随着市场机制和体系的完善，市场主体逐步壮大成熟，政府则需要调整自身定位，以形成市场主导、政府调控并举的局面。

二是创造良好的体育产业发展法治环境。体育产业发展所需的市场主导和政府辅助模式若要确立下来，并最终转化成实际的物质生产效能，就必然离不开法治的支撑。法治对体育产业发展的作用主要表现为两方面：一方面，确立市场基本秩序，保证市场契约的有效签订与执行，从而保障

---

① 鲍明晓．国外体育产业形成与发展［J］．体育科研，2005，26（5）：1－9.

② 陈爱辉．我国体育产业政策变迁的研究［D］．北京：北京体育大学博士学位论文，2015.

③ 姜同仁，等．欧美日体育产业发展方式的经验与启示［J］．上海体育学院学报，2013（2）：23.

体育企业的正当权益、体育参与的机会平等；另一方面，规范政府权力，使之能够在适当范围与恰当时机来使用，以避免行政力量对市场过度干预，同时防止其自我腐化。英国作为体育产业的发源地，在1750年成立了历史上第一个体育运动俱乐部，一开始就运用法治思维来加以管理，“开创了体育俱乐部的法人治理结构和与之相配套的运行机制。”① 此后，英国一直都重视通过法律手段，为体育产业发展保驾护航。例如，20世纪90年代，英国制定了体育“配对计划”政策，以鼓励对体育赛事的商业赞助，促进体育竞赛表演业的发展。为保证这一政策的落实，政府制定了“强制竞争投标法”等一系列法律提供支持。美国是全球体育产业最发达的国家之一，其在通过法律手段来促进和保障体育产业发展方面也极尽其能，体现在通过《反垄断法》《税法》《体育反托拉斯转播法案》等的制定与推行，对职业体育实施了反垄断豁免，极大地促进了体育竞赛表演业发展；对职业和业余体育的分别立法，对青少年、老年及残疾人等弱势群体的专门立法，则更为全面地保障了体育参与的机会平等。2000年日本颁布了《21世纪国民健康促进运动》白皮书，大力促进民众进行健身运动；20世纪80年代，英国政府制定了社区体育中心建设的基本标准，明确规定每2.5万人的社区必须有一座社区体育中心。②

三是积极塑造体育产业的文化品牌，构建体育参与的良好氛围，培育健康向上的体育运动品质。英美等国之所以能成为体育产业大国，是因为其体育竞技、健身休闲及制造业不仅在本土，而且在世界范围内确立了广泛的受众。人们之所以愿意参与到体育运动和消费之中，除了与自身消费能力及休闲时间等客观条件有关，更与体育产业对相关品牌的成功塑造相关，并由此来激发和引导公众的体育参与热情，营造良好的体育参与和消费氛围。一个体育品牌何以能成功，关键在于其对产品文化的打造上，它包括质量追求和精神塑造两个方面。一方面，体育产品的高质量满足了广大消费者对于商品使用价值的追求，使消费者能借助产品性能来满足一定

---

① 姜同仁，等．发达国家体育产业演进的趋势与启示［J］．武汉体育学院报．2012（9）：43.

② 陈爱辉．我国体育产业政策变迁的研究［D］．北京：北京体育大学博士学位论文，2015.

的实用需求。美国的 Nike、德国的 Adidas，之所以能在球衣、球鞋的销售中长期占据领先地位，正是因为其产品质量能够紧跟科技脚步，实现不断地改进，从而使得消费者能更为舒适、轻便地体会到运动乐趣。NBA、西甲、英超等欧洲足球联赛之所以能赢得全球观众的关注与喜爱，就是因为它们呈现了“更快、更高、更强”的体育美学运动场景。

另一方面，体育产品的品牌塑造，还与其对于产品的精神定位紧密相连。体育产品进行精神层面的营销，主要是为了抓住并满足广大消费者对于生命和社会的价值期待，并就此激发其对于体育精神的认同，进而在心理上亲近并接受该体育产品。现代体育竞技和体育休闲健身虽是起源于商业运作，功能也主要在于娱乐身心，但同时也肩负着社会道德教化的职责。而且，随着媒体传播技术的日益发达，观看体育比赛、参与体育健身的人数也不断增多，公共性体育竞赛活动在社会伦理体系中的地位和功用也得到急速提升。换句话说，一个成功的体育品牌必然需要在道德层面有所建树和贡献，否则即便质量过硬，也难以真正深入人心，获得消费者的长久信赖。当前在世界范围内影响力较大的各大体育赛事，无论是足球领域的世界杯、欧洲杯以及各项高级联赛；篮球领域的世锦赛、还是 NBA 等，又或是网球领域的大满贯赛事等，能够为外界所认可，与其赛事举办过程中对体育精神的展现和维护是分不开的，即裁判的公正裁决、运动员的拼搏精神、赛场上的友爱原则等对这些体育赛事品牌的打造必不可缺。

除了赛场上的公平、友爱等体育精神，赛场外的和谐、公益情怀也是体育品牌塑造所必需的要素。以 NBA 为例，2014 年 4 月，洛杉矶快船队的老板斯特林被爆出对黑人进行种族歧视的录音，多家赞助商便马上终止了与球队的相关合作协议，本队教练和球员也对此做出明确抗议和批判。此后，联盟为挽回联赛的声誉，迅速对斯特林做出严厉惩罚，不仅罚款 250 万美元，还禁止其参与一切和 NBA 有关的事务，迫使其出售快船的所有股权。此事件无疑彰显了 NBA 对于联赛伦理价值取向的高度重视，正是这种开放、包容、平等的文化理念使得它得以被更多的观众接纳。此外，NBA 的各支球队和球员往往还在休赛之时积极参与到社区的公益活动中去，如去监狱与犯人一同举行友谊赛，与小朋友一起做各种小游戏，甚至专门去到国外落后地区去进行联谊、扶贫等，这些公益行为的开展不仅对球员形象，而且对球队融入当地民众都是大有裨益的，这将有助于球队实现经济效益与社会效益双丰收。

尽管英、美、日等发达国家的体育产业十分发达，具有许多可借鉴之处，但是金无足赤，其发展过程中也存在不少的问题，这些教训同样应该引起我们的重视，以避免我国体育产业发展陷入同样的困局。

一是体育产业的市场化必须有所限度，否则将引发市场秩序的混乱，导致体育资源分配的两极分化。商业化运作的体育市场必定以追求个人利益最大化为目标，尽管也会考虑社会公益，但是前提却一定是能够带来盈利。过度商业化容易使企业陷入盲目逐利中，枉顾其社会责任的担当。英国足球职业化以来，受过度市场化和商业化的影响，导致逐渐走入极端，“公共利益几乎被完全摒弃，商业利润才是投资和经营足球的唯一目的。”① 同时，市场的过度自由也导致企业之间不顾边际成本和外部效应，引发彼此之间的恶意竞争。比如英国职业足球就是因为市场化、商业超过限度，导致出现“大小俱乐部之间的差距日趋增大，贫富的两极分化加大”“票价上涨穷人看不起比赛”“传媒热衷投资足球冲击着俱乐部联盟的健康运转”“足球俱乐部上市侵蚀着传统足球文化”等问题。② 体育参与和消费的两极化则会破坏社会稳定、影响社会正义的实现，有钱人可以购买昂贵的体育装备、观看自己喜欢的任何赛事甚至能够和喜爱的球星合影，而相对贫穷的人只能从电视看转播、穿盗版装备等；在体育市场强大金钱的诱惑下，运动员进行比赛可能就会被金钱俘虏，从而出现服用兴奋剂、踢假球等现象，违背竞技精神和规则，导致劳动异化，等等。③

体育产业发展的过度市场化及其所带来的消极影响不仅存在于欧美等国，在我国目前的建设过程中也同样存有类似的情况，一定要吸取教训，切忌被市场利用。我国作为人民主权的社会主义国家，旨在提升全体民众

① 梁斌．英国足球俱乐部收入结构发展研究［J］．中国体育科技，2012（5）：26.

② 梁进．英国职业足球近10年发展述评——经济视角［J］．天津体育学院学报，2004（1）：4-8.

③ 刘雪芹．阿姆斯特朗兴奋剂案的法律问题［J］．武汉体育学院学报，2013：41-45.

的健康与幸福，因此，在促进体育产业发展，追求经济效益的同时也应该坚持把出发点和落脚点集中到增进人民群众的福祉上。发展体育产业，提升个体生命健康水平，应该始终作为我国体育产业发展的方向和目标，为此就必须防止过度市场化的问题，并采取有效举措应对体育市场可能带来的体育资源分配不均。

二是在体育产业化发展过程中，政府宏观调控的地位和功能不可或缺，必须给予必要的维护。我国现在主张积极发挥市场的主导的作用，但是这不代表只需要市场。市场手段本身存在一定缺陷，会导致资源配置出现问题，无法很好实现社会效益，所以一定不能放弃政府的管理作用。市场强调自由竞争，如果一味强调市场对体育建设的作用，忽略政府的调控，那自由竞争的最后结果往往会是少数寡头形成对体育市场整体的垄断。一旦体育市场形成垄断，就必然反过来影响体育市场机制的正常运行，无法有效调节供给和需求，达不到资源合理配置的目的，更无法有效调节私人逐利和社会公益的矛盾，从而影响体育产业的公益功能实现。为此，就需要通过一定的政府调控来弥补市场机制本身的缺陷，通过市场与政府之间的共同合力与良性互动共同维护良好的体育市场秩序、高效的体育生产效能、构建完善的体育公益体系。

20 世纪 30 年代的经济危机之前，没有人相信市场机制存在重大问题，各国政府坚信古典经济学家的自由市场经济理论，认为市场本身可以有效解决外部效应所导致的公共性和公益性匮乏等问题。但是，经济危机的爆发彻底改变了他们既有的态度，市场机制的有限和失灵得以被更充分地认知，发达国家及其政府开始对市场进行一定程度的行政干预和宏观调控。虽然政府和市场作用之间存在一定的矛盾，但是两者都应该成为社会发展的必要路径并就此达成共识，问题只是在于采用何种模式才能最为高效而和谐地发挥好它们各自的效能、形成良性的彼此互动。

20 世纪中期，以美国为首的发达国家纷纷引入了国家干预手段、强化政府的宏观调控效应，使得各个国家的经济得以逐步恢复，体育产业也由此迎来了新的发展机遇。此后，英、美、日等国纷纷采用政府立法、政策制定等行政手段积极干预体育产业的发展。正是这一发展理念的转变，欧美国家的体育产业逐步成了国家经济的十大支柱产业之一。我国在发挥市场主导作用的同时，一定要坚持发挥好政府的作用，促进我国体育产业健康快速发展，避免市场本身局限可能带来的问题。

三是体育市场管理体制转型要循序渐进，不可盲目冒进。以苏联体育体制转型的教训为例，苏联作为20世纪两大体育强国之一，在竞技体育方面的成就尤为突出。我国体育管理体制——举国体制就源自于苏联。但是随着20世纪末苏联的解体，政治、经济制度的变化，其体育体制亦发生了改变。俄罗斯作为苏联的主体构成，在社会巨变之际，采用激进的“休克疗法”对体育体制进行改革，“以‘休克’‘举国体制’的做法强制推行体育的市场化、商业化。”① 即废除举国体制，撤销国家体委，“将竞技体育管理的所有职能转交给俄奥委会，竞技体育发展完全依靠市场化运作，从一个极端走向了另一个极端。”② 由于过于激进，导致出现体育发展水平在短期内出现大幅下降的情况。由此，俄罗斯不得不在1999年重新恢复国家体委，再次将国家管理作为体育发展的主导力量加以确立。

当前我国也正值体育体制转型和改革阶段，俄罗斯体育管理机制转型教训需要加以借鉴，以免过于极端化。体育管理和发展机制的转型、升级，必须充分立足于我国国情、社情和民情，坚持走中国特色的道路，在做到大胆突破的同时，也要警惕盲目冒进，需要在现状的基础之上逐步探索、不断创新，找到与我国体育产业发展最为合宜的市场和政府结合模式，以兼顾效率和公平、国家和个体两方面的需求。

二、国外体育产业发展的伦理价值取向

从国外体育产业发展历程和取得的巨大成就可以发现，在体育产业发展目标的定位上，应该坚持实现经济与伦理、功利与道义的并举。唯有以

---

① 邱凌云．再议体育“举国体制”的转型及选择——俄罗斯体育体制转型及其对我国体育改革的启示［J］．经济体制改革，2011（6）：178.

② 李琳，等．俄罗斯2020年前竞技体育发展战略及其对我国的启示［J］．天津体育学院学报，2011（5）：395.

功利为前提，才能更大程度地提升体育企业的生产效率，扩大体育市场规模，唯有坚持体育产业的社会公益性，才能塑造具有广泛群众基础的体育品牌。在体育产业发展路径的选择上，自由市场应该作为资源配置的基础力量，同时也必须依靠政府对体育市场适当的调控，才能促进体育产业的健康可持续发展。

只有将市场自由竞争与政府宏观调控相结合，才能兼顾体育产业的经济与社会效益。在体育产业发展环境的营造上，应该坚持法治与德治相融合的模式，前者奠定产业发展的契约意识，为各种体育活动确立基本的道德底线；后者则重在塑造体育文化，弘扬体育精神，挺立体育参与主体的道德自主，培养体育活动主体高尚的道德情操。若是以价值取向来归纳上述国外体育产业的发展目标、路线及建构原则，又集中表现为：高举自由旗帜，以保障体育市场的开放和体育活动多元；遵循契约精神，以法治来规范体育经营与体育参与；弘扬公益情怀，以道德来推动体育品牌的塑造和体育精神的展现；提倡爱国、人道等伦理发展理念，以仪式或符号来培育体育参与者对国家和民族的忠诚。

第一，从国外体育产业发展所秉承的自由理念来看。一方面，它不再一味以统一化的道德或政策来钳制社会行为的开展，而是充分鼓励企业或个体对于功利和物欲的追求，主张并保证市场环境的开放，努力推动资本的自由扩张和资源的自由配置。现代体育产业发展的根基在于物质财富的投入与累积：唯有国家具备足够的资本基础，才能全面开展体育公共服务的建设，从公共层面推动体育参与的均等化；唯有市场能够拥有足够的自由发展空间，企业能够看到可观的利润回报，体育产业发展才具有活力，体育市场才有可期的规模。为此，体育产业发展就必须充分尊重功利追求的合法性，以自由和开放的精神吸纳各类社会资本的进入，鼓励创立与体育相关的各类企业和机构，并最终借此实现体育产业规模的最大化、结构的合理化和产品的多样化。

另一方面，国外体育产业的自由态度还孕育出了体育行业、活动的多元化，即鼓励人们对探索与享受新型体育项目。综观当前世界流行以及新创的各项体育活动，如跑酷、滑板等极限运动，钢管舞、健美等体育休闲项目和相关赛事，大多数都是来自于国外发达国家。这一局面的形成固然有物质和历史条件的原因，但也与国外体育产业甚至整个社会文化的自由氛围密不可分。正是有了相对自由、宽松的产业环境和深厚的文化背景，人们才得以不断打破以往对于“有用”和“保守”等的执着，有了更大的空间、更多的自信去开发和体验一些原本看似无用、无聊、甚至于“无味”的行为模式，并使之成为某种流行的体育活动。

再一方面，体育产业发展的自由也包括相关媒体、新闻等的报道自由，这使得赛场内外的各种正当、不正当行为能够及时、有效地传播到大众空间，并引起必要的关注和探讨。经由媒体的传播、舆论的发酵，正当的行为能获得更大范围内的正向效能，不正当行为则会受到相应的谴责。媒体及舆论的谴责往往又能反过来促使体育产业制度的完善或杜绝不良市场行为的发生，如果某些体育产品或服务若不是因质量不过关、服务不到位而被曝光，那么相关企业就不会对此做出改进；若某种体育赛制或竞赛规则不因不完备、不人道而造成的负面影响被报道或揭露，那么赛事主办机构就不会对之做出相应的回应和改进；如果某个运动员或教练员在赛场出现严重违规或违法行为，则其在业界或社会的声誉将大大受损，其日后的职业生涯将变得困难。概而言之，体育媒体的报道自由对于改善体育产业发展环境，实现体育正义具有巨大推动作用。

第二，从国外体育产业发展所推崇的契约精神来看。所谓契约精神是指在遵循相关法律或规则的前提下办事情，落实到体育产业的发展上则主要表现为：以法治来引导产业发展，以规则来规范活动开展。对于自由而言，契约的存在和执行既是限制，同时也是鼓励。前者指的是法律和规则本身便设置了行为的界限，明确了行为所应承担的责任，自由的行为一旦超出这个界限，不再履行与之相应的职责，则需要受到对等的惩戒。后者则是说，如果行为能够保持在法律和规则的范围内活动，那它便可以获得相应的肯定，甚至奖励。

国外体育产业发展遵循契约精神在宏观上的典型表征在于推行“依法治体”，即通过各种硬法（国家立法机关所出台的法律）与软法（各级政府部门、体育组织等所制定的规则）来明确体育市场、行政及社会主体的权利与义务、自由与责任，从而确保体育市场遵循公平交易的原则来运营、体育行政部门遵循公正廉洁的理念来管理、体育社会机构遵循公平正义的追求来组织。与道德所推崇的“行善”追求相比，法律的制定和执行主要依循“不作恶”原则。因此，法律可以视作最为基本的道德，其强制性、普遍性和适用性无疑都胜过道德。换句话说，遵循法治理念来建设体育产业在保证体育市场秩序的同时，也能赋予相关主体更大的弹性操作空间，保证产业经济和管理效率的稳步提升。

国外体育产业发展的契约精神落实到微观层面则主要体现在参与个体的规则意识、维权意识的相对完备。规则意识的自觉既能保障体育活动的具体参与者能够更好地履行自身职责、完成一己使命，如裁判员施行公正判罚，运动员遵循公平竞技，观众文明观赛；也能够有效控制赛场上的对立行为，使比赛的双方在体现拼搏精神的基础上，既具有友爱与帮助，又自觉维护赛场秩序，同时还能够让体育竞技中的力与美得到展现。教练和运动员利用既有规则去努力争胜，可以将体育智慧和运动艺术展现得更为淋漓尽致，如足球运动中视不同情形对定位球进行快发、慢发；篮球运动中根据比赛时间和对手罚球命中率采取适当的战术犯规等。

第三，国外体育产业发展还包含有丰富的公益情怀。市场的自由发展会导致资源分配的不均衡，法制和政策虽然能在一定程度上弥补这种不平等，但其借助往往是国家的有限资源，并非民间资本或个人的慈善行为，因此在持续性和针对性方面难免有所欠缺。为此，就有必要发动民间的慈善和公益力量来弥补体育市场和政府在体育权益平等化建设中的缺陷，从而在更大范围内推进体育公共服务的均等化、体育参与机会的平等化。对此，西方发达国家成立有推动社会正义、体育资源分配正义的各种慈善基金，它们或针对某些地区、某类人群进行捐赠与扶持，或面对全部的体育项目或体育参与者进行补益。这不仅有助于推动体育产业的平衡发展及资源的平等分配，而且也大大缓解了政府的资金压力，使之能更为高效地调控资源分配全局。

除了公益基金的成立与运作，国外各大体育俱乐部和球员往往也能积极发挥自身的公益情怀，通过深入社区，举行相关的联谊或捐赠活动，推动社区物质和文化建设的完善。社区性公益活动的开展不仅可以塑造俱乐部在当地的品牌文化，扩大俱乐部的观众来源，而且更是为个体道德张扬提供了一个切近的平台，使之不至于流于理念或虚空的状态。

第四，体育作为日益公共的活动平台，也承担着宣传爱国、人道等伦理教化的功效。国外的各大体育联赛以及世界性的体育赛事在开场之前的必经步骤之一，就是各类参与者一起高唱国歌，这种常规性的仪式对于培养民众的爱国热情无疑具有潜移默化的效应。即便在一些不是以国家为单位的体育比赛中，如网球的大满贯、ATP1000，各地区以及区域性田径“大奖赛”“钻石赛”等，运动员只是以个体身份来参与，但他在赢得比赛后，往往都会以本国国旗为标志进行适当表现，看台上的观众有携带国旗或相关标语来加油和助威，这同样可以被视作体育对于增进爱国主义的方式。当国家或世界其他地区发生某些重大灾难时，在此时段举行的体育比赛则会对此进行必要的哀悼仪式，则又体现出国外体育产业所主张或包含的某种人道主义价值追求。体育竞技场上各种表示爱国、人道等的仪式的存在和开展，可以被视作体育追求和平、友爱等价值的表现，正是有了这些仪式才使得体育的核心精神有了更为真切的表达，得到更为广泛的传播。

第二节　伦理回归：我国体育产业发展的价值追求

我国体育产业发展相较于西方发达国家起步晚、起点低。20 世纪初期，我国刚进行体育产业化时，西方发达国家的体育产业已经发展得相当成熟，体现在：职业体育和体育健身休闲已成为体育产业的两大核心；以市场为主导的体育产业管理体制趋于成熟；体育产业在国民生产总值中占比普遍在 1% ~3% 。相比之下，当前我国体育产业发展还在为 1% 的占比而努力，体育产业布局尚未均衡，体育产业结构不尽合理。不仅如此，我国与西方发达国家在体育产业的发展路径上也略有不同，西方是随着市场经济的形成和发展的深入，体育自然地融入市场之中，形成了产业化的发展态势，并不断壮大市场规模。我国则是在计划经济向市场经济的转型过程中，开始引入市场手段，让市场对体育资源的配置发挥作用，进而实现体育的市场化和产业化发展。中西方体育产业发展历史背景上的差异，导致了各自体育产业发展路径的不同，但也预示着彼此在体育产业发展优势上的差别。我国拥有强大的政府调控能力、丰富的传统体育资源、巨大的经济总量等优势，若是能积极利用并转化好这些优势，那必然有助于加快我国体育产业的健康快速发展，尽快形成具有中国特色的、成熟的体育产业发展模式，并最终实现体育强国的发展目标。

一、我国体育产业发展的优势条件

尽管我国体育产业发展时间短、起点低、规模小，总体水平不高。但是，我国体育产业目前发展态势好，增长空间大。若是能充分利用自身优势条件，打造体育产业特色，必能给予体育产业源源不断的发展动力。

一是发合理利用我国政府强大的调控能力，构筑完善的体育产业法治体系，维护体育市场的良好秩序，发挥体育运动的正向效能。从体育政策的制定、体育市场的调控等方面来看，我国属于“政府参与型”的体育产业发展模式，即以国家为主导推动体育产业发展。之所以采用这种模式，是因为起初我国体育产业发展程度低，需要外在力量的指引和支撑才能迅速建立起一定的体育产业体系。随着体育产业的不断成熟，政府职能的逐步转变，体育发展行政干预日趋减少，相关政府机构的定位和职能也不断从管理者向服务者转变。

然而，管理的减少和服务的增加，并不意味着政府要退出市场，或放弃对体育产业的管理和引导，而是要让管理更为高效、更为适宜。而且，体育产业的发展关系民生，涉及每一位民众的身心健康和基本权益，若是一味将之交由市场，那必然会进一步拉大体育资源分配在区域和人群间的差距，最终导致分配的两极分化。解决两极分化无法依赖市场的调节，只能通过政府的宏观调控和社会公益的扩大。

鉴于此，我国作为人民民主专政的社会主义国家，目标在于实现个体的自由与全面发展，社会的平等与和谐发展。要实现此目标，不仅需要而且应该积极发挥我国政府所具有的集中力量办大事的特点，通过自身的力量积极推进体育产业的法治化建设，运用有效的行政手段维护体育市场的竞争秩序、调控体育资源的正义分配，利用强大的宣传机制强化民众对体育精神的真切认知、调动社会的体育参与热情。

二是积极挖掘优质的传统体育资源，深化体育领域的文化根基，增强我国体育产业的民族特色和国际影响力。在我国古代，中华民族的摔跤、剑术、蹴鞠、武术、象棋、围棋等项目都曾发展到相当高的程度。在今天体育产业大发展之际，这些优秀的传统体育资源能够为我国体育产业的发展带来极大助益。各级政府、各类主体应该积极利用这些优质的传统体育资源，彰显体育的民族特色、打造相应的体育品牌、塑造和扩大我国体育产业的国际影响力。以少林武术为例，武术作为我国的传统体育项目，其魅力和影响力无论是在国内还是国际都是不言而喻的，少林武术又是传统武术中的核心组成部分，若是能使之与现代社会融合，其所能带来的经济和文化效应自然不可小视。少林武术也正是找准了这一发展定位，成为目前我国传统体育项目市场化做得相对成功和成熟的范例。“登封嵩山少林武术文化产业以武术为龙头，以传统文化为载体，在区域武术文化产业的带动下，快速地发展，形成了旅游业、教育业、表演业、用品业等多元化的产业链。”①

总之，我国要想在国际体育产业发展中树立自己的品牌，确立自身的地位，实现后来居上的目标，不能仅仅只是简单发展西式体育，更需要从民族传统体育项目和体育文化中找资源，并在此基础上对之加以必要的改造与创新，进而实现体育与文化的双重推广，为我国体育产业发展奠定深厚的民族特色与文化根基。

三是我国体育产业发展还应该借助国家经济发展的大好势头，利用经济总量优势，大力激发广大民众的体育参与热情，积极推动政府在体育资

① 杜金安．嵩山少林武术文化产业市场发展及营销对策研究［D］．郑州：郑州大学硕士学位论文，2016.

源分配中的致力作为。改革开放以来，我国政府一直坚持深化改革，大力促进解放和发展生产力，建立具有中国特色的社会主义市场经济体制，促进我国经济腾飞。经过多年的快速发展，目前我国的经济总量已经跃升为世界第二，并且增速很快。我国经济发展取得的重大成果，必然也会投射到体育产业的发展上，为其发展确立巨大的经济优势。一方面，我国经济的快速发展预示着民众物质生活水平的大力提升，这使得民众不仅有了更为充裕的时间和金钱来参与体育消费，而且在需求发展层次上也具有巨大的体育参与需要和热情，这些因素无疑会推动我国体育产业健康快速发展。另一方面，我国经济总量的不断增长，也为政府工作的开展提供了充足的经济保障，使得政府具有更多的资源和能力去解决体育资源的分配问题，推进体育基础公共服务的均等化建设。

二、体育强国的体育产业发展伦理维度

体育产业健康可持续发展是体育强国建设的重要力量。近年来，党和国家高度重视体育产业发展。2008 年，胡锦涛总书记在北京奥运会、残奥会总结表彰大会上的讲话中提出："进一步推动我国由体育大国向体育强国迈进。"习近平总书记高度重视体育工作，不仅重视体育强国建设，更是将其与中国梦紧密联系在一起："中国人民正在为实现中华民族伟大复兴的中国梦不懈奋斗。体育是提高人民健康水平的重要手段，也是实现中国梦的重要内容。"①

把"体育强国梦"与"中国梦"紧密联系在一起，证明以习近平总书记为核心的党中央对体育工作的高度重视，也证明体育工作在社会转型中的重要性。体育产业健康发展是实现体育强国梦的重要组成部分，也是实现中国梦的途径之一。中国梦即中华民族的伟大复兴，包括国家富强、民

---

①　习总书记诠释"奥运精神"：体育强国梦与中国梦紧密相连［EB/OL］．［2016 - 08 - 05］．http：//news. cctv. com/OO01160805. shtml.

族振兴和人民幸福。① 我国体育产业具有“发展潜力大、辐射范围广，关联度高、带动作用强，资源消耗低、附加值高”等特点。一方面，体育产业自身发展蕴藏着巨大的消费需求和市场潜力，另一方面，体育产业作为关联度极高的“上游产业”，可与国民经济的诸多产业产生渗透和融合，显现出较强的乘数效应，正成为国民经济新的增长点。

体育产业具有极大的经济潜力和社会价值，将之充分挖掘能促进富国强民。国家强大、民族振兴和人民幸福，一方面需要通过发展体育产业，推动经济社会发展，从而增强国家自信、民族自信、制度自信和道路自信；另一方面，需要通过发展体育产业，满足人民群众体育需求，提升其幸福指数和获得感。

体育强国梦想的实现需要体育产业健康发展予以推动，而要实现体育产业健康发展，需要发挥社会主义核心价值观在其发展过程中的引领和指导作用。党的十八大以来，中共中央促进社会物质文明与精神文明协同发展，巩固和深化社会主义制度，有效扩大社会主义发展成果共享，不断提升国人幸福指数。因此，中央和各级政府开始高度重视培育和践行社会主义核心价值观、大力弘扬中华民族传统美德，以期实现国家层面的“富强、民主、文明、和谐”的价值追求；推进社会层面的“自由、平等、公正、法治”的价值引导；落实个体层面的“爱国、敬业、诚信、友善”的价值准则。② 只有矢志不渝地培育和践行社会主义核心价值观，才能改变我国社会存在的价值虚无主义、拜金主义、权力崇拜等乱象，使国家繁荣富强，社会彰显公平正义，个体道德水平显著提升。

我国体育产业在发展过程中之所以存在市场伦理失衡、行政伦理失范、个体伦理错位等问题，很大程度上是因为体育产业参与者社会主义核心价值观的培育和践行不彻底。具体体现在：由于体育市场主体“诚信、自由、文明”等理念未树立，造成重利轻责，罔顾消费者安全，损害其正当利益；由于体育产业管理部门“民主、法治”等意识不强，导致出现

① 习近平在莫斯科国际关系学院的演讲［EB/OL］.［2013－03－24］. http：//www.gov.cn/ldhd.

② 中共中央办公厅．关于培育和践行社会主义核心价值观的意见［Z］. 2013.

“有为”之处“不为”，还因其“和谐、平等、公正”等价值观确立不足，使得体育资源出现不均衡分配；由于部分体育消费者不能理性正确认知体育价值，导致其陷入商品“拜物教”；由于部分体育职业人员“爱国、敬业、友善”等意识缺乏，导致出现了为一己私利而违背竞技规则或进行消极比赛等现象。

体育产业要健康发展，使其成为实现体育强国的有效途径之一，就必须行之有效地培育和自觉践行社会主义核心价值观，将其理念与体育产业发展融会贯通，并最终以之引领和指导体育产业发展。一是强化体育市场主体树立“诚信、友爱、法治、敬业”等价值追求，使之在企业经营和商品销售上兼顾功利与道义：在遵循体育市场法律和行业规则的前提下，借助体育产品质量的提升来吸引消费者，以实现自身利润合法化；通过“诚信、公平”的交易原则来维护市场秩序；积极培养和发挥自身的公益精神，将自身的利润和财富投入到辅助弱势地区，关爱弱势群体中去，实现体育市场对社会发展的反哺，与行政力量一同推进体育资源的正义分配。二是树立体育产业行政主体的“富强、法治、公正、和谐”等价值追求，使之对体育产业管理和服务更为高效与规范：尊重体育市场在体育资源配置中的决定性作用，以推进体育产业更为高效的发展；大力推进体育产业法治建设，健全完善体育市场法律法规，制定严格且公正的执法和司法程序；持续推行廉洁公正的行政作风，打造高效便捷的体育产业管理服务模式；推进体育资源的正义分配，实现竞技体育、群众体育与体育产业的协调发展，缓解东西部、区域间在体育资源分配中的矛盾，构筑“和谐、平等”的体育资源共享模式。三是深化体育产业参与个体的“爱国、敬业、友爱、自由”等价值认同，使体育从业人员和消费人员皆能秉承体育精神、彰显人性光辉。一方面，运动员、教练等体育职业从业人员要热爱国家，维护集体荣誉，有效规范体育竞技行为，公正参赛，敬畏规则，尊重对手，弘扬团结友爱、顽强拼搏体育精神。另一方面，广大消费者要树立端正的体育消费价值取向，通过体育消费强身健体，促进身心和谐发展，提升生命精神追求，谨防陷入“拜物教”的异化消费中，丧失一己的主体性和自由度；同时要努力提升关爱生命意识，培养自身的慈悲和仁爱情怀，积极投身于体育公益服务的行列当中，为体育资源的正义分配、体育精神的正向发展贡献自身的力量。

概而言之，要构筑并实现体育强国梦想，就必须依赖于体育经济的健康发展、体育管理的高效和体育市场的公平与公正、体育参与的激情与互动。促进体育产业健康发展，既需要用社会主义核心价值观引领和指导体育市场法治环境建设、体育市场管理体制机制创新、体育产业结构改善与优化等，又需要在端正体育职业人员的参赛行为、促进体育消费者理性参与等方面予以引导。只有用社会主义核心价值观引领和指导体育产业发展，才能使之具有明确的发展方向和改善路径，进而为体育强国建设提供强有力的制度保障。只有充分发挥社会主义核心价值观对于体育产业发展的引导作用，才能促进体育产业的“朝阳”与“绿色”价值进一步落实与扩大，才能为体育强国战略的实现提供强有力的支撑。

结束语

近年来，国务院办公厅发布了《关于加快发展体育产业促进体育消费的若干意见》《关于加快发展健身休闲产业的指导意见》，以及国家体育总局出台了《体育发展“十三五”规划》《体育产业“十三五”发展规划》等政策文件，给予体育产业发展大量“利好”。为贯彻落实国务院［2014］（46）号文件，国家体育总局力推促进体育消费，带动体育产业转型升级，大力培育体育消费，并会同国家发改委、财政部、文化部、公安部、新闻出版广电总局以及旅游局等部门出台了相关配套政策文件，初步形成了中央单位协同配合、积极贯彻；地方全面覆盖、特点突出，市场反响强烈；体育产业产值持续增长，产业结构不断优化；体育产业融合持续推进，政策效果逐步显现，新兴业态大量涌现的可喜局面。

与此同时，也暴露出体育市场资源被政府垄断，体育场馆资源市场化程度不高，使用效率低下，体育市场法治不健全，体育消费异化等问题。长期以来，我国优质体育资源被政府垄断，由此限制了社会资本进入体育市场。如重大赛事衍生品销售、电视转播权销售、门票销售等，而这些恰恰是社会资本逐利的主要方面。赛事资源方面，国家大型体育赛事运营、场馆运营和赛事营销等，政府都掌握着绝对的控制权。由于政府的严格管制，从而使赛事的转播权、运动明星等资源的市场化程度较低。不仅如此，我国群众体育赛事资源的市场化程度也较低，如群众参与度高的跑步、骑行、羽毛球、游泳等具有广泛群众基础的项目市场化开发不足。体育场馆资源方面，2014 年国家体育总局调查数据显示：体育场馆利用率不高，居民在体育场馆从事健身活动、体育培训的年均频次为 135 次和 108 次，在体育场馆健身的比例只有 15.3%。其主要原因之一就是政府是体育场馆的投资主体，享受场馆所有权，经营方式主要以事业单位自主经营为主，以承包租赁经营，企业化经营为辅，缺乏市场化运营，由此导致体育场馆开放度不够，使用效率低下……

总体来看，我国体育市场人气依然不足。究其原因：一方面，由于行政体制限制较多，导致社会资本参与体育市场相关产品和服务供给的积极性不高。众所周知，体育市场靠供给拉动需求，但由于社会资本享受不到好的政策支持，拿不到好的资源，从而使他们参与体育市场供给的能动性降低。进一步讲，体育市场体制、机制上的障碍，使得优质体育资源难以正常流动，靠体育市场来配置资源的作用就不能有效发挥。另一方面，由于体育市场体制机制不健全不完善，导致体育市场供给的产品和服务的结构性矛盾依然突出。现阶段，我国体育市场制度建设依然是“短板”，仍有许多亟待加强和完善的地方。如大型体育场馆、大型赛事资源的所有权、经营权以及赛事转播权益等问题还有待进一步解决。由于国家对社会资本进入体育市场还没有建立统一的政策支持体系，缺乏科学定位和规范管理，并且在投融资、土地以及税收政策等方面优惠和扶持力度不大，导致社会资本进入体育市场风险加大，利润无法得到保障，从而使很多社会资本“望而却步”，观望情绪严重。“体育市场外的社会资本进不来，已进入的社会资本利益无法得到保障”成为目前体育市场的真实写照。

要解决体育产业发展过程中出现的各种问题，必须避免趋“利”，规范化体育产业发展伦理之路；避免趋“大”，精细化体育产业发展伦理之向；避免趋“低”，高大上体育产业发展伦理之轨。政府须明晰定位，提高服务意识以及转变陈旧的发展观念，深化体育管理体制以减弱体育产业管理的过度行政化倾向；在发挥市场配置体育资源的同时，政府注重宏观调控和管理，通过政策杠杆，缩小城乡和东西部之间体育产业发展的差距；要加强宏观调控能力，科学合理安排体育产业门类结构。体育市场主体要提高公平竞争意识，自觉维护体育市场秩序，要不断强化诚信意识，杜绝不诚实和不守信的市场交易行为，确保体育职业人员和消费者的身心健康，要大力倡导和发扬公益精神，积极承担社会责任；竞技体育参与者要坚守公平公正体育竞技原则，弘扬顽强拼搏体育精神，不断提高法律意识和维权意识。体育消费者须树立正确的消费观，科学理性地进行消费。

现阶段，人民群众日益增长的多元化、多层次体育需求与体育有效供给不足的矛盾依然突出。随着人们生活水平的不断提高，闲暇时间的日益增多，可支配收入的稳步增加，体育产业既面临消费能力显著增强，体育赛事利益多元，发展理念不断更新等发展机遇，也面临着体育市场主体增长缓慢，产品和服务相对单一，产业结构不合理，地区发展不平衡，市场法治不健全等多种挑战。伴随社会转型的加快，市场经济的发展，人民生活水平的提高，健身健康意识的增强，"花钱买健康""为健康投资""请人吃饭不如请人流汗"等消费观念的兴起，体育需求将从低水平、单一化向多层次、多元化扩展，体育消费方式将从实物型消费向参与型和观赏型消费扩展，体育产业将从追求规模向提高质量和竞争力扩展，体育产业必将迎来重大战略机遇。

体育产业是围绕体育需求，以消费者为核心的产业。发展体育产业应牢牢遵循"以人为本，培养体育生活方式"这一基本规律，使其符合人类对真善美的追求，满足人的本质需求。

"十三五"时期，伴随着供给侧结构性改革的不断深入，"健康中国"和"全民健身"战略的逐步实施，体育产业将在建设健康中国，保障和改善民生，满足人民群众多元化、多样化、多层次的体育需求，塑造其健康的生活方式、培育其正向的人生价值等方面发挥积极作用。

一是充分发挥市场在体育资源配置中的决定性作用。若要不断壮大体育市场规模，使体育产业成为推动经济社会发展的重要力量，就需要处理好政府和市场的关系，遵循市场决定资源配置这一市场经济规律。满足人民群众体育需求是体育产业发展的基础。随着我国体育产业规模的扩大，产业结构、产品和服务结构的复杂化，人们体育需求的多样化，这种主要以政府行政审批配置体育资源的方式，很难把握瞬息万变的体育市场需求，就越来越不利于体育资源的优化配置，必须采取体育市场配置的方式。体育市场决定体育资源配置能够最大程度地提高资源配置效率。唯有确立市场对体育资源配置的决定性地位，才能在体育产业发展的效率和规模上不断实现新突破。国家《体育产业发展"十三五"规划》中明确提到："要坚持市场主导的原则，充分发挥市场对于资源配置的决定性作用。"因此，要加快转变政府职能，努力推进政企分开、管办分离的体育产业发展模式，将体育产业的具体经营和运作权推向市场，让政府退居幕后，作一个全局的调控者，扮演好引导者、激励者、服务者和规范者角色，避免“有为”之处“不为”。

二是将体育产业的“朝阳”与“绿色”定位落到实处。良好的体育市场秩序是促进体育产业发展的重要保障，体育市场自由的过度张扬、功利追求的过度推崇，容易引发体育市场主体无效竞争，导致市场秩序混乱。体育市场主体必须确立对等的权利和义务，加强对利益与责任的双重认知，使之在获取正当利益的同时，有效维护体育市场秩序，自觉履行社会责任，避免出现逐利忘义，重利轻责。政府部门要运用行政手段推进体育公共服务均等化，各类体育市场主体也需大力发扬公益精神，以社会合力推进人民群众体育参与机会均等。体育产业发展要加快由关心经济增长到关注民生的转变，要明确经济与生态协调发展的基本方向，确立经济效益与环境保护、资源利用和生态平衡的“绿色体育”发展思路，以提高广大人民群众的福祉为最终价值取向，把满足人民群众多元化、多样化、多层次的体育需求作为体育产业的发展目标，最终以提高人民群众的幸福指数来体现体育产业发展的正义性。

三是通过体育产业发展促进个体的自由与全面发展。关注生命、重视生命、尊重生命是体育产业发展的题中之意。北京“人文奥运”理念不断深入人心，并成为体育精神的重要内容之一。人文体育意在实现体育为人民服务，使个体通过体育参与促进身心和谐、促成人际友好关系建立，推动体育文化繁荣发展。体育产业发展正是为人的完善提供了一种空间和可能，即通过体育运动的推广，倡导个体健康的生活方式，提升其道德文明素养。《奥林匹克宪章》提出：“每一个人都应享有从事体育运动的可能性，而不受任何形式的歧视，并体现相互理解、友谊、团结和公平竞争的奥林匹克精神。”

习近平强调：“体育是社会发展和人类进步的重要标志，是综合国力和社会文明程度的重要体现。体育在提高人民身体素质和健康水平、促进人的全面发展，丰富人民精神文化生活、推动经济社会发展，激励全国各族人民弘扬追求卓越、突破自我的精神方面，都有着不可替代的重要作用。”随着党和政府创新思路，完善政策，大力推进体育产业结构战略性调整，推动体育用品制造业转型升级，加快发展体育服务业，不断优化体育产业结构，有效丰富体育市场产品和服务供给，充分满足人民群众多样化的体育需求，相信“以增进人民福祉、提高健康水平，提升人民幸福感和获得感”的体育产业发展目标一定会实现！

参考文献

［1］马克思，恩格斯．马克思恩格斯选集（第1卷）［M］．北京：人民出版社，2012.

［2］马克思，恩格斯．马克思恩格斯选集（第2卷）［M］．北京：人民出版社，1995.

［3］马克思，恩格斯．马克思恩格斯全集（第42卷）［M］．北京：人民出版社，2012.

［4］马克思．资本论（第一卷）［M］．北京：人民出版社．1958.

［5］（宋）朱熹．四书章句集注．论语集注［M］．北京：中华书局，2010.

［6］鲍明晓．体育产业——新的经济增长点［M］．北京：人民体育出版社，2000.

［7］曹可强．体育产业概论［M］．上海：复旦大学出版社，2004.

［8］陈宝庭，刘金华．经济伦理学［M］．大连：东北财经大学出版社，2000.

［9］陈少峰．正义的公平［M］．北京：人民出版社出版，2009.

［10］崔宜明，强以华，任重道．中国现代经济伦理建设研究［M］．上海：上海书店出版社，2013.

［11］何小青．消费伦理研究［M］．上海：上海三联书店，2007.

［12］何怀宏．契约伦理与社会正义［M］．北京：中国人民大学出版社，1993.

［13］黄云明．经济伦理问题研究［M］．北京：中国社会科学出版社，2009.

［14］黄家瑶．经济哲学导论［M］．北京：社会科学文献出版

社，2000.

［15］李培超．绿色奥运：历史穿越及价值蕴含［M］．长沙：湖南师范大学出版社，2008.

［16］李建华，等．走向经济伦理［M］．长沙：湖南大学出版社，2008.

［17］李明．体育产业学导论［M］．北京：北京体育大学出版社，2000.

［18］李悦，李平．产业经济学［M］．大连：东北财经大学出版社，2002.

［19］刘湘溶，刘雪丰．体育伦理：理论视域与价值范导［M］．长沙：湖南师范大学出版社，2008.

［20］刘敬鲁．经济哲学（第2版）［M］．北京：中国人民大学出版社，2008.

［21］陆晓禾．经济伦理学研究［M］．上海：上海社会科学院出版社，2008.

［22］连桂红，刘建刚．体育经济学原理［M］．北京：人民体育出版社，2005.

［23］卢嘉鑫，张社平．体育产业发展——理论与政策［M］．北京：北京大学出版社，2011.

［24］骆祖望，陶国富．经济伦理通论［M］．郑州：河南人民出版社，2009. 10.

［25］茅于轼．道德·经济·制度［M］．郑州：河南人民出版社，2002.

［26］乔洪武．正谊谋利——近代西方经济伦理思想研究［M］．北京：商务印书馆，2000.

［27］乔法容，朱金瑞．经济伦理学［M］．北京：人民出版社，2004.

［28］孙英，吴然．经济伦理学［M］．北京：首都经济贸易大学出版社，2005.

[29] 隋路．中国体育经济政策研究［M］．北京：人民出版社，2007.

[30] 唐凯麟．伦理学［M］．北京：高等教育出版社，2001.

[31] 谭伟东．经济伦理学——超现代视角［M］．北京：北京大学出版社，2009.

[32] 王小锡．经济伦理与企业发展［M］．南京：南京师范大学出版社，1998.

[33] 王小锡．经济的德性［M］．北京：人民出版社，2002.

[34] 王小锡．经济伦理学——经济与道德关系之哲学分析［M］．北京：人民出版社，2015.

[35] 王润生．西方功利主义伦理学［M］．北京：中国社会科学出版社，1986.

[36] 万俊人．道德之维——现代经济伦理导论［M］．广州：广东人民出版社，2000.

[37] 韦森．经济学与伦理学：探寻市场经济的伦理维度与道德［M］．上海：上海人民出版社，2002.

[38] 韦森．经济学与伦理学：市场经济的伦理维度与道德基础［M］．北京：商务印书馆，2015.

[39] 汪荣有．当代中国经济伦理论［M］．北京：人民出版社，2004.

[40] 熊文．竞技体育与伦理［M］．上海：华东师范大学出版社，2008.

[41] 员俊雅．马克思异化理论新探［M］．北京：中央编译出版社，2013.

[42] 周中之，高惠珠．经济伦理学［M］．上海：华东师范大学出版社，2002.

[43] 郑若娟．经济伦理：理论演进与实践考察［M］．厦门：厦门大学出版社，2007.

[44] 章海山．经济伦理及其范畴研究［M］．广州：中山大学出版

社，2005.

［45］赵宝春．消费伦理研究：基础理论与中国实证［M］．北京：中国人民大学出版社，2014.

［46］丛湖平，等．我国体育产业政策研究［M］．杭州：浙江大学出版社，2014.

［47］（澳）阿尔弗雷德·马歇尔．经济学原理（上卷）［M］．朱志泰，译．北京：商务印书馆，1964.

［48］（印）阿马蒂亚·森．伦理学与经济学［M］．王宇，王文玉，译．北京：商务印书馆，2000.

［49］（德）彼德·科斯洛夫斯基．伦理经济学原理［M］．孙瑜，译．北京：中国社会科学出版社，1997.

［50］（美）伯尼·L. 帕克豪斯．体育管理学（第四版）［M］．裴立新．成琦，译．上海：华东师范大学出版社，2009.

［51］（美）詹姆斯·M. 布坎南伦理学、效率与市场［M］．廖中白．谢大京，译．北京：中国社会科学出版社，1991.

［52］（美）查尔斯·沃尔夫．市场或政府——权衡两种不完善选择［M］．谢旭，译．北京：中国发展出版社，1994.

［53］（美）理查德·T. 德·乔治．经济伦理学［M］．李布，译．北京：北京大学出版社，2002.

［54］（美）丹尼尔·科维尔．体育产业组织管理——对绩效负责［M］．钟秉枢，等，译．北京：清华大学出版社，2005.

［55］（法）卢梭．社会契约论（第3版）［M］．何兆武，译．北京：商务印书馆，2003.

［56］（美）罗伯特，C. 所罗门．伦理与卓越——商业中的合作与诚信［M］．罗汉，等，译．上海：上海译文出版社，2006.

［57］（德）马克斯·韦伯．经济与社会（上、下）［M］．林荣远，译．北京：商务印书馆，1998.

［58］（美）迈克尔·利兹．体育经济学［M］．蒋建平等，译．北京：清华大学出版社，2003.

［59］（美）麦金太尔．伦理理论研究［M］．宋继杰，译．南京：译林出版社，2003.

［60］（德）马克思．1844年经济学哲学手稿［M］．刘王坤，译．北京：人民出版社，1979.

［61］（荷）斯宾诺莎．伦理学［M］．贺麟，译．北京：商务印书馆，1983.

［62］（古希腊）亚里士多德．政治学［M］．吴寿彭，译．北京：商务印书馆，1965.

［63］（美）约翰．罗尔斯．正义论［M］．何怀宏，等，译．北京：中国社会科学出版社，2009.

［64］陈燕．经济效率与伦理价值［J］．江汉论坛，2006（6）.

［65］陈林祥．试论体育产品的公益性与产业性［J］．武汉体育学院学报，2005（2）.

［66］陈碧述．当代中国体育伦理建构探索［J］．成都体育学院学报，2009（9）.

［67］崔宜明．市场经济及其伦理原则［J］．上海师范大学学报（哲社版），（2）.

［68］冯军．我国市场经济“信用”动力机制分析及其体系建构［J］．伦理学研究，2006（3）.

［69］冯红新．我国体育产业的发展策略［J］．体育文化导刊，2015（3）.

［70］高扬．公共体育管理社会责任与伦理问题分析［J］．体育文化导刊，2008（2）.

［71］郭恒涛，李艳翎．传统义利观下当代竞技体育伦理观优化分析［J］．伦理学研究，2013（3）.

［72］黄海燕．“十三五”我国体育产业战略目标与实施路径［J］．上海体育学院学报，2016（2）.

［73］黄浩．当前竞技体育伦理精神的缺失及重塑［J］．伦理学研究，2013（6）.

［74］姜同仁，张林．我国体育产业发展面临的机遇与挑战［J］．北京体育大学学报，2015（12）．

［75］姜同仁．新常态下中国体育产业政策调整研究［J］．体育科学，2016（4）．

［76］姜同仁，张林．我国体育产业发展面临的机遇与挑战［J］．北京体育大学学报，2015（12）．

［77］姜同仁，刘娜．德国体育产业发展方式解析与启示［J］．西安体育学院学报，2015（1）．

［78］荆林波．我国体育产业发展现状、问题与对策建议［J］．南京体育学院学报，2016（4）．

［79］刘湘溶，刘雪丰．竞技体育比赛中的欠公平状况及其合理性评判［J］．湖南师范大学教育科学学报，2007（3）．

［80］刘湘溶，龚正伟．应用伦理学的兴起与当代中国体育伦理的建构［J］．湖南师范大学社会科学学报，2005（4）．

［81］刘湘溶，刘雪丰．当前竞技体育伦理问题及其实质［J］．伦理学研究，2006（3）．

［82］刘湘溶，龚正伟．中国体育市场伦理规范的缺损与重构［J］．伦理学研究，2003（2）．

［83］刘常林．基于生态位理论的我国部分省市体育产业结构特征研究［J］．天津体育学院学报，2012（6）．

［84］刘长秋，李静．推进我国体育产业发展的立法保障研究［J］．成都理工大学学报：社会科学版，2014（2）．

［85］刘玲灵，王伟达．竞技体育伦理重构及其价值回归问题研究［J］．沈阳体育学院学报，2013（4）．

［86］刘盼盼．我国体育产业制度研究［J］．体育文化导刊，2012（4）．

［87］刘森，丁素文．体育伦理与生命精神之契合［J］．河北师范大学学报：哲学社会科学，2013（5）．

［88］刘亮，付志华，黎桂华．供给侧改革视角下我国体育产业发展

的新空间及动力培育［J］. 首都体育学院学报，2017（1）.

［89］陆小成，骆慧菊. 生态文明视域下体育产业低碳化研究进展［J］. 广州体育学院学报，2015（1）.

［90］陆晓禾. 和谐社会、市场经济与伦理规范［J］. 理论与现代化，2008（1）.

［91］李茹. 市场、政府与伦理目标［J］. 道德与文明，2003（6）.

［92］李江，王正伦. 当代中国竞技体育伦理失范及其规制［J］. 体育与科学，2013（3）.

［93］庞善东. 中国与发达国家体育产业发展的经济条件比较分析［J］. 南京体育学院学报，2014（2）.

［94］乔洪武. 论经济伦理的非经济功能［J］. 道德与文明，2009（4）.

［95］任海. 论体育伦理问题［J］. 伦理学研究，2007（6）.

［96］司荣贵. 市场经济条件下体育发展的目标偏差及其矫正［J］. 体育与科学，2004（6）.

［97］沈克印，周学荣. 儒家消费伦理思想与体育消费伦理［J］. 武汉体育学院学报，2009（5）.

［98］沈克印，周学荣. 体育经济研究中的经济伦理［J］. 上海体育学院学报，2010（5）.

［99］孙素玲，藏云辉. 我国体育服务业发展现状、问题及对策［J］. 首都体育学院学报，2015（6）.

［100］孙凤芹. 企业伦理与产业定位［J］. 河北理工学院学报，2003（4）.

［101］田庆华. 政府职能定位与体育产业发展［J］. 中国体育科技，2006（3）.

［102］王小锡. 简论马克思恩格斯的经济伦理观［J］. 伦理学研究，2002（1）.

［103］王斌. 体育产业发展进程中对传统道德资源利用的研究［J］. 武汉体育学院学报，2003（3）.

［104］王慧．中外体育产业发展比较研究［J］．体育文化导刊，2013（6）．

［105］许兰凤．伦理对构建市场经济和谐运行机制的功能探析［J］．甘肃社会科学，2005（5）．

［106］薛为超．论市场经济的伦理定位与伦理建设［J］．东岳论丛，2009（10）．

［107］熊文，王泽应．竞技体育伦理及其研究之意蕴［J］．北京体育大学学报，2004（4）．

［108］熊文．竞技体育伦理研究的凸现及其现状与走向［J］．西安体育学院学报，2004（2）．

［109］易剑东．中国体育产业的现状、机遇与挑战［J］．武汉体育学院学报，2016（7）．

［110］姚站军．探求产业伦理，自然辩证法［J］．2012（5）．

［111］杨运秀．构建社会主义市场经济伦理原则探析［J］．河南大学学报：社会科学版，2008（2）．

［112］杨强．我国体育产业发展存在的问题及其解决对策［J］．体育学刊，2012（4）．

［113］杨干．体育竞赛中虚假现象产生的原因与体育伦理道德建设［J］．南京体育学院学报：自然科学版，2004（2）．

［114］张志月．论经济道德人［J］．江苏社会科学，2010（2）．

［115］张永韬．我国体育产业发展的新常态：特征、挑战与转型［J］．体育与科学，2015（9）．

［116］张玉超，栗丽．王朝军．我国体育道德失范成因及预防对策研究［J］．体育文化导刊，2007（6）．

［117］张瑞林，王先亮．中国体育产业发展机制创新研究［J］．成都体育学院学报，2016（3）．

［118］张婷．当代竞技体育伦理问题及其构建途径［J］．体育与科学，2009（5）．

［119］周武．美国职业体育产业政府规制体制探析［J］．中国体育科

技，2008（3）.

［120］龚正伟．当代中国体育伦理构建研究［D］．长沙：湖南师范大学博士学位论文，2006.5.

［121］李燕燕．我国体育产业融合成长研究［D］．武汉：武汉体育学院博士学位论文，2014.6.

［122］刘盼盼．中国体育产业结构的演进研究［D］．北京：北京体育大学博士学位论文，2011.6.

［123］刘巍．转型期我国体育诚信缺失研究［D］．长春：吉林大学博士学位论文，2015.6.

［124］任慧涛．论体育治理理念［D］．南昌：江西财经大学博士学位论文，2016.6.

［125］孙春晨．市场经济伦理导论［D］．北京：中国社会科学院研究生院博士学位论文，2002.5.

［126］沈克印．当代中国体育经济伦理的理论与实践研究［D］．南京：南京师范大学博士学位论文，2011.5.

［127］汪洁．中国经济伦理思想转型研究［D］．南京：南京师范大学博士学位论文，2005.10.

［128］王晓薇．中国体育产业管理体制改革研究［D］．长春：吉林大学博士学位论文，2014.5.

［129］王良玉．转型期中国竞技体育腐败问题研究［D］．北京：北京体育大学博士学位论文，2013.6.

［130］杨其虎．追寻竞技正义：竞技体育伦理批判［D］．长沙：中南大学博士学位论文，2012.12.

［131］赵芳．对我国体育产业立法的研究［D］．北京：北京体育大学博士学位论文，2002.4.

［132］公健．我国体育产业法律制度研究［D］．北京：北京交通大学硕士学位论文，2011.7.

［133］蒋喆彦．我国体育产业发展政策研究［D］．上海：华东政法大学硕士学位论文，2013.4.

［134］江明华．竞技体育中不公平现象的伦理审视［D］．重庆：重庆师范大学硕士学位论文，2009. 3.

［135］任镭．马克斯·韦伯经济伦理思想及其借鉴［D］．西安：西安工业大学硕士学位论文，2015. 5.

［136］王平．世界体育产业发展趋势及我国体育产业发展思路探讨［D］．北京：中国社会科学院研究生院硕士学位论文，2003. 3.

［137］王文莜．我国体育产业促进立法研究［D］．北京：北京交通大学硕士学位论文，2011. 6.

［138］王磊．新中国体育产业历史演进研究［D］．长春：吉林大学硕士学位论文，2014. 6.

［139］魏建建．我国体育产业的发展现状研究［D］．武汉：武汉体育学院硕士学位论文，2013. 3.

［140］徐子茗．产业哲学视域下产业伦理建设探析［D］．沈阳：东北大学硕士学位论文，2014. 6.

［141］徐聂鑫．竞技体育伦理基础理论和核心价值观的研究［D］．长沙：湖南师范大学硕士学位论文，2010. 5.

［142］国务院．关于加快发展体育产业促进体育消费的若干意见［Z］．2014－10－22.

［143］国家体育总局．2014 年全民健身活动状况调查公报［Z］．2015－11－16.

［144］国家体育总局．体育产业“十三五”发展规划［Z］．2016－7－13.

［145］国务院．全民健身计划（2016～2020 年）［Z］．2016－6－24.

［146］国务院．“健康中国 2030”规划纲要［Z］．2016－10－25.

［147］国务院．中国足球改革发展总体方案［Z］．2015－3－16.

［148］中共中央办公厅．关于培育和践行社会主义核心价值观的意见［Z］．2013－12－13.

［149］十八届中央委员会．中共中央关于全面深化改革若干重大问题的决定［Z］．2013－11－15.

[150] 国务院办公厅. 关于加快发展健身休闲产业的指导意见 [Z]. 2016-10-25.

[151] 国家体育总局. 贯彻落实《法治政府建设实施纲要(2015~2020年)》实施方案 [Z]. 2016-12-14.

重要术语索引